あなたの
お客さまに
刺さる

ネーミングのヒント

青野まさみ

ぱる出版

はじめに

本書は自分でビジネスをやりたいけれども、商品やサービスづくりがうまくいかなくて悩む人に向けた本です。例えば、あなたは自分でビジネスを行っていて、次のようなお悩みをお持ちではありませんか？

「新規のお客さまが獲得できない」
「新しい商品をつくってみたけど、お客さまの反応がイマイチ」
「高額の商品をつくることに申し訳なさを感じてしまう」

商品が売れないのは、自分自身の価値や相手に提供するものを見ずに、自分がやっていることだけを見て商品をつくってしまうからです。よく「自分の強みや専門性を活かした

はじめに

商品をつくりましょう」といわれますが、ほとんどの人は自分の強みを自分で見つけることができません。仮に見つけられたとしても、それをお客さまの欲しいものに変換できないことがほとんどです。

例えば「天使のコーチング」「あなたが輝くシンデレラカウンセリング」、こんな名前で商品を売っていないでしょうか？　自己都合しか考えていない表現や、なんとなくよさそう感を出しただけの表現、ひとりよがりな表現をした商品は絶対に売れません。

それではどうすればよいのでしょうか？

ポイントは「商品名」です。商品名を工夫すれば、自分の価値を一瞬で伝えられます。そして、相手の欲しい成果を期待させることができます。

たかが名前、と思われるかもしれません。しかし、名前の効果は想像を超えるものがあります。**名前を通じて商品が磨かれるし、名前を通じてお客さまはその価値を感じる**のです。

本書はそんな商品づくりを大きく変える、名前のつけかたをお伝えするための本です。

私は個人事業主・中小企業を中心としたコンサルタントを行っております、青野まさみと申します。大学卒業後、サイバーエージェントや博報堂グループで大手日用品メーカー・大手化粧品メーカー・携帯電話会社・金融サービス会社など120以上の企業のブランディングやプロモーション活動に携わってきました。

その後、スタートアップのIT企業に外部から参画し、150名規模のセミナーの主催、テレビCMやwebを活用したプロモーションを担当し、売上拡大（1年半で2・7億から5・9億に倍増）に貢献しました。

そして2021年に個人事業主として開業し、主に女性の個人事業主を中心としたビジネスコンサルティングサービス、コミュニティ運営、ブランディング支援と、中小企業向けのマーケティング支援やコンサルティングサービスを行っています。組織や人の〝そのものらしさ〟や強み、価値を発揮できるようサポートすることをミッションにサービスを展開し、以下のような声をもらっています。

「副業の方向性が定まり、理想のお客さまと出会えた」

「数百万円の投資をし続けても見えなかった自分の起業の道が見えてきた」
「今までの1／4の労力で、140万円ほど売上が上がった」
「年商が3倍以上になった」
「青野さんに言語化していただけてよかった」

そんな私がクライアントさんと接していて感じることがあります。それは**ビジネス成功のカギとなるのが「売れる商品をつくるノウハウ」であり、その中核となるのが「商品名」であること**です。

商品名に自分の価値観や思い、そしてお客さまへのメッセージをきちんと織り込めば、共感してくれる人は必ずいます。そして「名は体を表す」という言葉にもあるように、**そんなお客さまに向けて、商品やサービス自体も洗練されて研ぎ澄まされていく**ものなのです。さらに、**その過程で自己肯定感も上がり、よいスパイラルに突入していきます。**

実際に名前を変えることにより、ビジネスが好転していくクライアントさんを多数見てきました。その中の何名かは本書でも紹介しています。さらに、私自身も自分の会社を「風ひらく」という社名にすることによって、ビジネスが一段高いステージに上がりました。

本書では、自分で商品をつくってビジネスをする方向けに、ブランドや商品の名前のつけかたをお伝えしたいと思います。

まずは第1章で人を集められない名前の例を紹介し、何が悪いのかを説明します。実はその大きな問題は、自分の価値を知らないこと、お客さまを理解していないことにあります。ですので、第2、3章で自分とお客さまの掘り下げかたを説明します。そして第4章で商品名に求められる要素、第5章でお客さまに伝わるフレーズのつくりかたをお伝えします。最後に第6章で、商品名のつくりかたの方程式をお伝えして、本書を結びます。

本書を一読していただければ、商品名のつけかたはもちろん、名づけを通して言葉の使いかたやマーケティングの本質を理解していただけると思います。

さあ、それではさっそく本編に入っていきましょう。まずは、冒頭で出てきた商品名の何が問題なのか、それを解説するところから始めたいと思います。

第2章

自分の中の提供できる価値を見つける方法

第3章

あなたのお客さまを見つける方法

第4章

商品名に入っていなければいけない3つの要素

第5章

相手に一瞬で伝わる商品名フレーズ 5つの切り口

装　丁　二ノ宮 匡（nixinc）
カバーイラスト　田頭慎太郎
本文デザイン・DTP　町田えり子
編　集　岩川実加

第１章では「どのように商品名をつくるか」ということよりも、「**今ある商品名の何が悪いのか?**」という視点で、小規模ビジネス事業者がつけがちな名前例（架空のものですが、イメージがつきやすいよう、実際にありそうな具体例を創作し、挙げています）をご紹介していきます。

それぞれ、何が問題なのかという視点で分析していきますが、根本的な問題は「**自分の価値がわかっていない**」ことと、「**相手が何を求めているかわかっていない**」ことだと理解していただきたいと思っています。

そして、本章の最後で、なぜ名前を変えると商品がお客さまから求められるようになるか、説明します。

第1章

ひとりビジネスオーナーがつけがちな商品名5選

NG 1 誰に来てほしいかさっぱりわからない

NG例

CPC（Cheerful Peaceful Community）
大人も子どもも心から楽しめるコミュニティ
「一度きりの人生を、心からみんなで一緒に楽しむ！」をモットーに活動

誰にとっても、自分のためのものだと思ってもらえないネーミングの創作例です。

たしかに主催者側の思いとして、「このコミュニティに参加する人がこうあってほしい」という思いを込めているのは伝わります。ですが、これでは「たぶん、主催者のリアルな知り合いしかいないのだろうな……」と思わせるような、身内感を感じてしまいます。

それは、補足部分で「大人も子どもも」や「みんなで」と対象を広げすぎているため、結果として「自分にとってぴったりだ」「自分向けのコミュニティだ」とは思われにくくなっているからです。これは、**主催者が誰に集まってほしいのか考えていないことが原因**です。

そして、このようなコミュニティは実際のところ、やることも決まっていなかったりします。「とりあえずたくさんの人に集まってもらえそうな」名前をつけているだけなのです。

「大人も子どもも」という表現が悪いのではありません。どんな大人や子どもなのかがわからないので、**誰にも自分のためのものだと思ってもらえないことが問題**なのです。

例えば、アウトドアが好きな親子向けに「みんなで野外キャンプをしよう」であれば、キャンプが好きな人は興味を持ってくれるでしょう。また、「高尾山に登ってみよう」とか「伊豆の海で泳いでみよう」など具体的に限定できるものがあれば、興味のある人を惹きつけることができるでしょう。

そういったことを何も考えず、ただ「みんな」と雑にくくっているので、誰にも自分のためのものだと思ってもらえないのです。

私は、このCPCのような名づけは、自分に自信がない人に多いと思っています。というのも、対象者を絞ると人が来なくなるのではないか、と恐れているからです。

しかし、**実際は全くの逆効果**です。知名度が高い有名人ならまだしも、何もない人ほど「私はこんな人と一緒にいたいよ」とか、「私はこんなことができるから、こんな人なら楽しめるよ」ということを絞っていかなければ、このコミュニティに参加することの価値は一向に伝わりません。

時代の流れを見ても、多様性が重視されるようになって、LGBTQや障がい者の方、移民や少数民族の方など、マイノリティへの配慮が重視されるようになってきています。その中で「大人も子どもも心から楽しめる」というような雑なくくりではなくて、**「本当は誰に届けたいのか?」という部分こそが必要**なのです。

そして、**「誰を」を明確にすることは、自分をハッキリさせることにつながります。**相手を絞ることで、自分の大事にしている価値観やポリシーが浮き彫りになっていきます。その過程を経て、自分の話に説得力が生まれてくるものなのです。

NG 2 マイワールドで叫んでいる

NG例

誰も教えてくれなかった
本当の自分を見つけるヒントに出会える気づきの場
自由思索の森

自分のことは考えていても、相手のことが見えていない創作例です。

今回の例は、どのような場をつくりたいのかについて、しっかりと考えているという点で、先ほどとは少し様子が違います。先ほどの方は、「誰に向けて」の部分を考えていないことからの表現になっていたのですが、そこが違うわけです。

多様性とか、ターゲットというよりも「人類みな兄弟」という発想のもとで、本気で誰かを救おうという前提です。「悩む人たちを救う」という発想には共感しますが、自分がお客の立場となって考えると、このように広い話をされてしまうと入りこみにくい感覚があります。ですから、先ほどと同じように**もう少し入口を限定させて、もっと特定の人に絞っていったほうがよい**と思うのです。

「本当の自分を見つける」というのは、それなりに感じるところのある人が多いテーマだと思います。しかし、そこに深く共感できるかというと、そうではありません。さらに一歩踏み込んだ、大勢の方が共通で悩んでいそうな具体的なテーマが必要なのですが、そこに関する感度が低いのですね。だから、個人の思いを超える言葉にはならないのです。

先ほど「CPC（Cheerful Peaceful Community）」という名前を紹介して、「こちらはコミュニティのことも、相手のことも考えていませんね」という話をしました。一方、こちらの「自由思索の森」は、どちらも考えてはいるのですが、それがほとんど伝わらないと思います。伝わらなければ、それはないことと同じですよね。これがマイワールドで叫んでいます。

るタイプのネーミング事例です。

いくらしっかりと自分のことを考えていても、相手のことが見えていないのです。

こんなタイプの方は案外多く、私がお話しするときには、できるだけ多くの人を介して客観的な意見をお伝えするようにしています。このタイプの方の多くは自分の思いが先行してしまっており、他人からどう見えるかが考えられていません。「私はこういうことを伝えたいのです」と熱っぽく語るのですが、残念ながらその思いが伝わってこないのです。ですので、「あなたがつくったものからは、その思いが全く伝わりません」とお伝えします。講座の場合は、他のメンバーにも見てもらい、感想を言ってもらいます。すると案の定、「私もわかりません」「そんなメッセージがあったのですか?」「全然、伝わってこない」、そんな意見がどんどん飛び出してきます。なかなか辛いプロセスではあるのですが、そのプロセスを通して、自分が自分を客観視できていないことを学ぶのです。

自分を客観視できることは大事です。この章の最後に自分を客観視できているかどうかのチェックシートがありますので、自分がどのレベルなのか試してみてください。

NG 3 それが何なのかわからない

NG例

人生をデザインする自己啓発マスタークラス

次は、**1つ1つのフレーズの意味は伝わるのに、組み合わせたことでお客さまに伝わりにくくなってしまっている創作例**です。

この「人生をデザインする自己啓発マスタークラス」には、さまざまな要素がフレーズとして含まれています。人生、デザイン、自己啓発、マスター、クラスです。

1つ1つはそれほど難しい単語ではありませんが、これだけ組み合わされると何のことだかわからなくなってしまいます。**名前というものは基本的にお客さまが「わからない」と思ったら、それで終わり**です。ですので、このような名前はよくないのです。

とはいえ、世の中を見渡すとこんな名前があふれています。例えば、何にでも「ナチュラル」をつける傾向はたしかにあるでしょう。また、マーケティングもプロモーションも一般的な言葉ではありますが、それを組み合わせてマーケプロモーターと名乗っている人もいます。こうなると「わからない」ということになりますよね。

それ以外にも、ブランディングデザイナー、ブランディングカメラマン、人生格上げブランディングなども同じ分類となるでしょう。カウンセラーとかコーチにもこの手の名前が多いですね。何か情熱は伝わってくるのだけど、少しダサい、ちょっと長すぎると感じてしまうのです。

このような名前には「わからない」という致命的な問題があるので、選ばれるのは難しくなります。

そもそも、なぜこんな商品名をつけてしまうのでしょう。

実は、そこには売り手の錯覚があると私は考えています。つまり、売り手が「自分の商品が他の人の商品と同じだと売れない」と考えてしまうのです。だから、無理やり言葉をくっつけて、長くて聞きなれない商品名をつくってしまうのでしょう。

そしてなかなか売れないと、「他の人と同じだから売れない」と考えてしまうわけです。言い換えると、「他の人と同じだと、その他の人が選ばれてしまう」と考えてしまうのです。
しかも、世の中のビジネスに関する情報には「差別化が大事」という発信も多く、起業している人の中にも、そんな名前の商品や肩書きをつくっている方が大勢います。そんなところから、**自分もそんな複雑で唯一の名前をつけなくてはいけない、と惑わされている**のだと思います。

さらに、**その根底にあるのは、自己肯定感の低さや自信のなさ**でしょう。「自分は権威性もないし、特に大きな実績があるわけでもない。ごくふつうに生まれて特徴もないような人が、ふつうの名前の商品を出してもなかなか売れないのでは?」と思い、何かしらの特徴を出すためにそんな名前をつけてしまうのです。周りに流されてしまうのも、そんな自信のなさの表れだと思います。

NG 4 すれた表現を使っている

NG例

あなたのビジネスを3か月間で月商100万円にするプログラム

どこかで見たことがある、または、よくありそうなネーミングの創作例です。

そして、「月商○○円」というのは顧客が求める欲求、つまり、ここでは売上をアップしたいというニーズに当てている表現なので、引き合いも強くなりますし、世の中にあふれている表現と言えます。こんな表現を私は「こすられた表現」と呼んでいます。**そういうものを安直に借りてくるのは違う**と思っているのです。

世の中では「TTP（徹底的にパクれ）」といったことが言われており、売れている表現を借りてくることが、ビジネスでの成功の近道であるかのように言われているフシがあります。しかし、**自分の思いを押し殺して、ビジネスだからと割り切ってその表現を使っていっても、結果的にご自身の思うような成功には辿り着けない**と思うのです。

この例の場合「3か月間で月商100万円にする」ですから、結構アグレッシブな目標と言えます。このような商品を提供する主体者は、「目標達成に対して厳しい、顧客にコミットメントを求める」人なのではないか、と想像されます。でも、そういう人に限って実際に会ってみると、明らかに相手に目標達成型の商品を提供するタイプの方ではない、ということも、少なくありません。

そしてそれが、ご自身で意識できていない人もいます。それでは、結果としてうまくいきません。あなたがお客さまの立場に立ったときに、事前の期待やイメージと、実際の印象が異なっている人が少なからずいることは、わかると思います。この違和感は決して小さなものではありません。

私はやはり、**事前の期待やイメージと、その人に会ったときとのギャップがない、あなたらしい表現をしてほしい**と願うのです。そのほうが楽にビジネスができ、お客さまも幸せにできます。結果、経済的にも成功します。

これは、今までに接してきた方や、支援してきた方々を見ている中で、たしかに言えることだと感じています。

NG 5 自己認識がずれている

NG例

インダストリアル Labo.
（ほっこり系女子が）

自己認識が完全にズレているというのも、よく見かけるパターンです。

アクセサリーをつくる仕事をしていて、ご自身の作品のブランドの名前を考えている方がいらっしゃいました。その方はもともと、レースやキルトといった素材を使うような作風だったのですが、リブランディングをしたいとのことでした。

そして本人から出てきた名前が「インダストリアル Labo.」。その方が参考にしているｗｅｂサイトも、黒や灰色を基調とした無機質なイメージのものでした。

ブランディングを考える場合、その方の作品に対して、周囲の人たちが感じるイメージとフィットするような名前とデザインに着地させるとうまくいきます。しかしながらこの方の場合は、自分自身がどんな商品を提供したいかということと、打ち出していくイメージとが、完全にずれてしまっています。**自己イメージがずれている場合、どれだけ商品と名前を見直してもうまくいかない、**ということもあります。

日頃、コンサルや講座をしていると、自己認識とはズレるものだということをよく感じます。

このパターンでは、自分の憧れている人に寄せてしまうこともあります。

実際、私のお客さまに「青野さんのことメチャクチャいいなと思うから、青野さんのようになりたいんです」とおっしゃる方がいて、私の発信やwebサイトのイメージやトンマナを真似ようとしていたことがありました。でも、しばらくすると「ぜんぜん青野さんのようにできません。へこみます……」と、落ち込んでしまいました。

それもそのはずです。**自分の現状や好み、得意分野を抜きにして、他人を見て真似ようとしてもうまくいくはずはありません。**

少し厳しくはなりますが、この方は、誰かに憧れたまま思考停止になっている状態なのだと思います。**ここを抜け出すためには、まず自分を見直して、自分ならではのあるべき姿を描き、それに向かっていくステップをつくるしかない**のです。

誰かに憧れること自体は悪いことではないのですが、その憧れる人と自分とを冷静に見て、違うことを理解する努力をしなくてはなりません。そうして動いていると、そのうちに憧れる人と自分の特性の差をチューニングしながら、自分の本当に進んでいく方法が見えてきます。

こんなときには、**第三者からアドバイスをもらうのがおすすめ**です。「あなたの現在地点はここでしょ。そして、本当にやりたいことはこれ。となると、この人に憧れてここをやろうとするのは間違いだよね」といった具合です。第三者だと、客観的な意見を出せるものです。

名前を変えればビジネスが変わる

ここまで、よくない名前の例をご紹介してきました。逆に**よい名前をつけると、ビジネスを好転させることができます。**ここで、Kさんという女性の例を紹介したいと思います。

Kさんは会社を辞めて、カウンセラーとして独立したい、というときに、私のところに相談にいらっしゃいました。当時はカウンセラーの資格を取ろうと勉強をしながら、独立の準備をされていた頃だったと思います。

Kさんがカウンセラーを目指したのは、彼女の生い立ちにルーツがありました。というのも、彼女は家族との関わりにずっと苦しんでいたのです。

彼女の母親が、気性が激しく難しいタイプだったそうで、いきなり落ち込んでふさぎこんだかと思えば、次の瞬間に怒り出して暴力をふるったりする。Kさんはそんな環境の中で育ったといいます。

そんな彼女は日常的に、かなり気をつけて母親の話を聞かなければならず、自然に高いレベルの傾聴力が身につきました。その後は家庭以外でも、お仕事で保健室の先生をされて、さまざまな状況に置かれている生徒さんや親御さんの話を聴いてきました。

彼女はとにかく人の話を聴くのが上手で、それは私を含めて、周りの人がみんな認めることでした。だからカウンセラーになろうと考えたわけですが、人の話を聴いてきた実績はあるものの、カウンセラーの実務経験があるわけではありません。ですから、どんな切り口でサービスをつくろうか、一緒に考えていきました。

その突破口は、Kさんの経験にありました。

彼女の母親との関わりは辛いもので、罵声を浴びせられたり、時には手を上げられたりすることもありました。それにひたすら耐えなければならなかったのです。常に母親の機嫌をうかがう生活は、想像を絶するものがあるでしょう。ご自身も自己肯定感が下がって、無力感に襲われたとおっしゃっていました。

しかし、彼女の場合、**カウンセリングを学ぶことによって、その体験を書き換えることができた**のです。母親からされたことは辛いことでした。しかし、そのときにわき出した感情やその経験自体は、今の自分を形づくっている宝物だと、解釈できるようになったのです。そして、自分の人生は実りの多いものだと考えられるようになりました。

この経験をきっかけに、**彼女はカウンセラーとして人々の宝物を見つけるお手伝いをしたい**、という思いが明確になりました。そこで私は、彼女に対して「find gift セッション」という名前を提案しました。

すると、どんどん人が集まり始め、セッション中に感極まってボロボロ泣き出す人も続出しました。そして、彼女は自信をもってセッションを提供できるようになったのです。

もちろん彼女の実力もありますが、彼女自身も、「あの名前をつけたところからビジネスが変わり始めた」とおっしゃってくれています。

名前を考えれば全てが変わる

もしかすると、この本を読んでくださっている方の中には、「〇〇〇〇という言葉が名前に入れれば売れる」というようなテクニックを期待された方もいるかもしれません。しかし、本書を通して私が一番お伝えしたいのは、そこではありません。

「自分のどんな思いを言葉にして、名前をつけるか?」という部分に最も重きを置いていくことが大切なのです。名前が変わると変化するのは、お客さまからの印象だけではありません。**自分がやっていることの意味や目的がはっきりしてくる**という効果があるのです。

名前を考える行為で、自分のセルフイメージが変わります。そして、商品の説明の仕方や商品の質そのものも変わります。それらの変化が相乗効果を起こして、活動の全てが洗練されていくのです。

価値を伝えるといっても、「3か月で10キロ痩せます」とか「月収100万円稼げます」とか、そんな言葉ではありません。この手の言葉は、たしかに実現できたらすごいですが、ほとんどはそうではないし、言葉としては使い古されたものです。そうではなく、自分の価値観や思いを名前に織り込んで発信すると、そこに共感してくれる人は必ずいます。その**共感してくれる人こそが、あなたの未来のお客さま**なのです。

今はモノの価値よりも、その人自身の人間性や物語が価値になる時代です。特に小規模のビジネスであれば、それが顕著であることは言うまでもないでしょう。

言語化といっても、本を書くような難しいことではありません。自分の思いと相手に伝えたいことを込めた言葉をつくることは、自分や自分の商品のありかたを一瞬で変える素晴らしい機会になります。**見せるテクニックを駆使するよりも、自分とお客さまのことをしっかりと理解して、その思いを直球で届ければよい**のです。

ＳＮＳ上では自分を魅せていくこと、つまり、ブランディングが大切だ、と言われる風潮がありますし、それに流されてしまうこともあるかもしれません。しかし、そうではなく、自分の本当の思いを込めた名前を考えることにより、あなたの価値は一瞬で伝わるようになります。**相手と自分の共通点、ピンとくる合図のような言葉を見つけられれば、つながりたい相手とつながれる**のです。

実際に私は、そんな瞬間を何回も見てきました。そして本書では、そんな名前をつくるステップを、これからご紹介していきたいと思います。

まず必要なことは、自分の中の提供できる価値を見つけること、そしてあなたのお客さまを見つけることです。第2、3章でその方法についてお伝えしたいと思います。

コラム 1

あなたは自分を客観視できている?

この章の「間違った名前の例」で示したように、自分を客観視できていないと、相手に響く名前をつけることは難しくなります。

以下は、自分を客観視できるようになるための具体的な質問形式のチェックリストです。

このリストを活用して、自分が客観視できているかどうかを知り、不足している部分を強化しましょう。

1．他人の視点を取り入れる

□顧客からのレビュー（感想）を収集する機会はありますか?

□自分のビジネスのことを理解するメンターやコーチからアドバイスを受けていますか？
□同僚や友人、家族から商品及び商品名について、客観的なイメージ・印象などのフィードバックをもらっていますか？

2．市場調査を行う

□競合他社の商品・サービス名について調査しましたか？
□同じ業界や職種でビジネスをしている方のホームページやＳＮＳを10人以上チェックしていますか？
□ターゲット顧客のニーズや嗜好について理解していますか？
例）よく行くお店、よく見るＳＮＳやｗｅｂサイト、好きな芸能人・インフルエンサー等がありありと思い浮かぶ

3．自己分析を行う

□自分の強みや弱み、得意なことや苦手なことをリスト化しましたか？

□これまでのビジネス経験を振り返り、成功要因と失敗原因を分析しましたか?

□短期的および長期的なビジネス目標を明確に設定し、その達成状況について自己評価していますか?

4. 継続的なインプットや学習

□最近、ビジネス書やマーケティング書を読みましたか?

□ご自身の業界のセミナーやワークショップに参加していますか?

□ビジネス関連のオンラインコースやウェビナーを受講しましたか?

5. 第三者の視点で常にシミュレーションする

□ターゲット顧客のペルソナを作成し、その視点で商品・サービス名について評価していますか?

□競合の立場に立って、自分の商品やサービスを評価するロールプレイングを行っていますか?

□顧客からのフィードバックを継続的に収集し、分析する仕組みを構築していますか?

6. データに基づいた意思決定

□売上データや顧客データを分析し、商品・サービス名やマーケティング戦略に反映していますか?

□異なる商品・サービス名やマーケティング手法をA／Bテストしていますか?

□定量的な目標や指標を設定し、それに基づいて評価や改善を行っていますか?

第1章でお伝えしたように、売れる名前をつけるためには、自分の中の提供できる価値を見つけること、そしてあなたのお客さまを見つけることが大事です。

この第2章では、お客さまにとって価値のある、**自分の中の価値を見つける方法**についてお伝えしたいと思います。

自分の価値を見つけるプロセスで得られるものは、ビジネスにおいて大きな意味を持ちます。読んで終わりではなく、ぜひ実際に行ってみてください。その価値が理解できるはずです。

そして本章の最後では、自分の価値を見つけ、ビジネスを飛躍させた方の例を紹介します。

第2章

自分の中の提供できる価値を見つける方法

自分の中の提供できる価値とは何か？

商品の名前を考えるときには、自分の価値を織り込むことが大事です。

例えば、その人に似合う色を診断するカラーセラピーをしている方がいたとします。この方が、仮にカラーセラピーの協会に入って勉強し、スキルを身につけてそのサービスを提供しようとしても、買ってもらうのはなかなか難しいと考えます。なぜなら、**その人から買う理由がないから**です。その協会で勉強した人であれば、同じセラピーが提供できてしまいます。

だからといって、第1章で挙げたような、売れない商品名でサービスを差別化しようとするのはNGです。つまり、「ナチュラルビューティーカラーセラピー」とか「天使のカラーセラピー」とか、そんな名前をつけても意味がわからなくなるだけで逆効果です。この場合、**カラーセラピーに自分のパーソナリティを含ませることが大事**なのです。

第1章で紹介した、「find gift セッション」のカウンセリングを提供しているKさんのことを考えてみましょう。

彼女の場合、昔から母親とのやりとりで傾聴する技術を実践してきました。これはKさんの価値であることは疑いないでしょう。その自分の価値、パーソナリティを商品に乗せるのです。そしてそれを名前で表現します。

とはいえ、彼女の場合「カウンセリング」というサービスが変わるわけではありません。サービスはあくまでカウンセリングですが、**彼女の価値が乗っかった「find gift」のカウンセリングが彼女の商品**になります。この感覚をつかむことが大事です。

そうなると、次に問題となるのが「私の価値って何?」ということでしょう。この第2章では、それを見つける方法を説明します。

ただ、その「価値」とはどのようなものか、最初にここで説明しておきたいと思います。

「価値」と聞くと、例えば「保険セールスで日本一になった」とか、「30人のメンバーを全員5キロ以上痩せさせた」といったような、人との競争の実績であるとか、明確に数値化できる価値をイメージするかもしれません。

しかし、ここでの「価値」とは、必ずしも明確に表せるものを指すわけではありません。例えば「最初は初対面の人と話すことができなかったけれど、それを克服して平均の営業ノルマを達成できるようになった」、こんなレベルでも問題ありません。**大事なのは、結果や数ではなく、自分が努力や工夫をして何かができるようになった、という経験**なのです。

逆に考えてみると、努力せずともできることもあるかもしれません。例えば、特に受験勉強をしなくても東大に合格してしまった、というような才能のある人もいるでしょう。ただ、こんな人にその秘訣を聞くと、「教科書を読んで、それを忘れなければよい」といったような、一般の人には全然役に立たない話だったりします。

他の例を挙げると、いくら食べても体形や体重をキープできるという、うらやましい体質の方もたしかにいらっしゃいます。しかしこれも、このままでは他人のお役には立ちにくいです。そうではなくて、「昔は太っていたけど努力して減量しました。そして今はベストの体重から2キロ以上増やさないようにコントロールしています」という人のノウハウのほうが、価値があるわけです。

だから、「〇〇No・1」とか競争に勝ったとかいう話ではなく、また、努力せずともできてしまうことでもなく、**自分が意識して克服したことを選ぶことが大事**です。すると、自分が努力してきた過程を、お客さまにお渡しすることができます。お客さまにとっても、「自分も努力すればこうなれる」と感じやすくなり、商品として目に留まりやすいものとなります。そうすることで、自分の商品は、自分にしか提供できない商品としての価値を持つでしょう。

Step 1 まず自分をリストアップしてみる

それでは、このような「価値」を自分から発見する方法をお伝えします。

大まかなステップとしては、まず情報を集めてリストアップし、次にそれをカテゴリ分けして、最後にその中から価値を選ぶ、という手順になります。

まずは、リストアップする方法からお伝えしたいと思います。

リスト化する方法は6つあって、私の運営する講座ではそれらの視点から洗い出します。

その6つというのは、次の通りです。

1. 過去の経験を振り返る

最初に、履歴書や職務経歴書などから情報を集めます。学歴や資格の履歴などから項目を集めるのです。例えば、学生時代に部活で演劇をやっていたとか、新卒でレストランに就職して店の運営をしていたとか、趣味のヨガのインストラクターの資格を取ったとか、そんな情報を集めることができるでしょう。

2.日常を観察する

いま日常的に行っていることにも、自分の価値が潜んでいることがあります。例えば、私は以前は早起きが苦手で、朝活をしている自分なんて想像もできませんでした。しかし今では、6時50分から朝活を行ったり、朝一8時からの会議を入れたりもできるようになりました。これは40歳近くになって努力して朝活を習慣化できたという、私の価値の1つだと考えています。このような視点で、普段の仕事や活動の中での成功体験を、リスト化してみてください。

3.他人の反応を調べる

自分はそれほど意識していなくても、「あなたはこれがすごい」と人から言われることがあると思います。家族や友人、職場の人から言われたことを調べてみてください。リストアップのために、あなたの強みや才能は何かと、家族や友人、仕事の関係者にインタビューしてもよいかもしれません。

4. 世の中の自己診断ツールを使う

有名なところだとMBTIや、ストレングスファインダー、ビッグファイブ、エニアグラムなど、自分の強みや傾向を知ることができるテストがあります。それらを使ってみるとよいでしょう。有料の場合も多いのですが、テストを行うとレポートを入手できるものもあります。そのレポートもあなたの価値を探るうえで、参考になるでしょう。

5. 自分の目標や夢を書き出す

自分の夢や目標を書き出した経験がある方は、多いのではないでしょうか。そんな夢を改めて書き出して、その項目について自分が何をしてきたか、リストアップしてください。特に、昔の夢リストがあれば効果的に行うことができます。夢や目標はもちろんですが、自分がその目標に対してどんな努力をしてきたかを挙げてみてください。その中に自分の価値が隠れているかもしれません。

6. 日記やメモを読み返す

何かを努力してできるようになった経験というのは、次第に当たり前になり、忘れてしまいやすいものです。例えば、自転車に乗れるようになるために、多くの人が子どもの頃に努力したと思います。しかし、今では乗れることが当たり前になって、大変だったことさえ忘れていると思います。ですから、日記やメモをつけている人であれば、できなかった自分を思い出すために、それらを読み返してみてください。

このような手順を経て、自分の価値のもととなる要素を集めていきましょう。

Step 2 リストアップしたものをジャンル分けする

リストアップが終わったら、それをカテゴリに整理して分けていきます。

おすすめしているのは、仕事、趣味、資格、対人関係、運動（健康）の5ジャンルで分けてみることです。

ここでは商品に入れ込む価値の話ですので、どうしても仕事の優先順位が高くなるとは思います。もちろん、趣味で絵を描いていてそれが価値につながる、というようなこともあります。しかし、いったんは仕事関連とそうでないものを分けて考えてみたほうが、やりやすいと思います。

それを見ながら、優先順位をつけていきます。よく使っている能力とか、仕事で大事にしている価値観などの優先順位が高くなるでしょう。そして「自分を表すものはやはりこれだな」というものを選んでいきます。つまり、自分のキャラクターが一番立つ才能です。その才能が選べたら、それにどんな名前をつけるかを考えていくのです。

私自身のことをお伝えすると、私は人の個性とか自分らしさのようなことに興味があって、それが自分の特徴だと考えています。ストレングスファインダーという心理テストでも、「個別性」と呼ばれる性格がはっきりと見えています。これは、人を集団としてではなく、1人1人の人間として、個性や違いに目を向けて尊重する資質です。ですから私は、人の個性や自分らしさを見る人に向いている、コンサルタントや講座の講師をやっているという意識があります。

商品名にもそんな要素を取り入れるようにしていて、今の会社の名前である「風ひらく」にも、その個性が込められています。実際にコンサルやセッションを通して、お客さまから「私もひらいてもらいました」などと言われることが多いです。

そのように**自分の価値観と名前がバチンとはまると、自分の商品の価値が上がって、実**

際に人が集まってくれるようになるでしょう。

また、**苦手なものにも価値がある場合があります。**

私の場合は適応力がそれにあたります。私のもともとの性格は、活動的というよりむしろ人見知りで大人しい性格です。しかし、学生時代に就職活動を進めるにあたり、人間環境になじむ必要があるので、意識して適応能力を鍛えました。

さらに、目標設定の能力も、もともとはそんなに強くはありませんでした。しかし、学生時代の友達の中に「サッカー選手になりたい」とか「お医者さんになりたい」という人がいて、彼らが計画を立てて努力している様子に触発されて、私も計画を立てて実行することができるようになったのです。

ポイントは「話題になるか」と「自分の努力」

自分の価値をリストアップする作業を行う際によくある意見は、「どんなものを挙げてよいかわからない」というものです。「私には努力してできるようになったことがない」と言われる方もいます。でも、これは誰にでもあることだと思っています。「そんなのないよ」という方でも、丁寧にヒアリングしていると結構たくさん出てくるものです。ただ、どんな基準で出すのか悩む方もいます。そんな方にお伝えするときには、**「友達と話していて、『へえ、そうなんだ。おもしろいね』と言ってもらえるもの、ちょっとした話題にできるものを挙げるといいですよ」**とお話ししています。

例えば、地域のスーパーの底値を把握していて、チラシを見るとすぐに買うべきかどうかがわかる、こんなのも立派な価値だと思うのです。実際、あなたがこんなことができるとして、それを友達に話したら「えっ、すごいねー」くらいの反応が返ってくるのではないでしょうか。しかもこれは、分析ができるとか、情報をキャッチできるという強みにつながります。それに積み重ねてきたものだから、それがどうやってできるようになったのか、語ることもできるはずです。つまり**価値につながっている**のです。

私のクライアントさんで、アイドルグループの嵐がとても好きで、自分で嵐を推すホームページを運営している方がいました。その方のホームページは嵐のファンの中で有名になり、嵐好きの人が交流する場になっていきました。もともと熱量が高く、同じ嵐のファンと交流するためにはどうすればよいのか考えて、そんな活動につながっていったそうです。お仕事ではないのでお金は発生しないのですが、ものすごい熱量だと思います。

そのお客さまは今ではｗｅｂデザイナーとして仕事をし、「熱い思いの人とつながるデザイナーです」とご自身のことを紹介されています。そんな彼女の活動を知っている人から見れば、「せっかくなら、熱い情熱と思いのあるデザイナーさんにお願いしたいな」ということになるわけです。特にファンづくり・コミュニティづくりを考えているという人であれば、彼女のパーソナリティに興味を持つのは間違いありません。

彼女の場合、嵐を推すホームページをつくること自体はお仕事ではありません。しかし**そんな活動をしていることが、仕事につながる価値に結びつく**わけです。

ここまで大がかりな活動ではなくても、ちょっとしたことでもいいのです。子どもの学校のイベントで衣装をつくっているとか、趣味の交流会の幹事をしているとか、ずっとバレーボールをしているとか、そんなことが価値に結びつく可能性があります。

自分のどこが世の中に受け入れられるかなんてわかりません。自分ではたいしたことないと思っていたことが、人にはウケる、なんていうのはよくあることです。ですから、自分が自慢できるかどうかは置いて、とりあえず挙げておく、くらいでちょうどよいのかもしれません。

リストアップするときのありがちな間違い

リストアップの作業は、言うのは簡単ですが、実際に行うのはなかなか大変です。だから、やる気が出ないという気持ちもわかります。例えば、今40歳の方だとして、40年分のイベントをリストアップしていくわけです。記憶があいまいなところもあるでしょうから、それを確認しながら進めていくのは、簡単なことではないでしょう。

そういう方に**おすすめなのは、1人でやらないこと**です。手前味噌になってしまいますが、私の主催している「わたしブランディング（現在募集停止中）」のような講座に参加するのも、1つの手段でしょう。ある程度のお金を払っていると、やっぱり「やらないと」という気になりますし、一緒に学ぶ仲間がいるので、背中を押されやすいです。

講座に参加しないまでも、誰か友達を誘って一緒にやってみたらどうでしょうか？お互いに進捗を報告しながら進めると、挫折しにくくなります。また、**SNSで宣言してみるのも手**です。「私はこの日までに、この作業をやります」と宣言すると、やり遂げやすくなるでしょう。さらに、**新年や年末、自分の誕生日など、区切りの日にやってしまうのもいい**ですね。こういう区切りは、自分の過去を振り返って未来への指針を考える、絶好の機会です。特に誕生日でも、40歳になる誕生日であれば、「この10年はどう過ごそう」と考えるよい機会になるでしょう。そんなふうに、**モチベーションが高まりやすいタイミングで一気に行うのがおすすめ**です。

ここまで、リストアップする「価値」は「自分が努力してできるようになったもの」としているのですが、これが問題になることもあります。スムーズに価値が出てくる人もいるのですが、全然出てこない人もいるのです。でも、そんな人は、**できるようになったことがないわけではなくて、それを忘れているだけのことがほとんど**です。

例えば、マネージャーとしてチームをまとめる仕事を始めたとき、最初はうまくメンバーに指示を出すことさえできなかったりします。しかし慣れていくうちに、そのレベルはクリアして、いかにメンバー同士で協力して仕事をしてもらうかといった、さらにレベルの高い課題が浮かび上がってきます。どれだけ経験を積んでも、何らかの壁にぶつかるため、「自分ができるようになった」という感覚が持てません。だから、「自分はまだまだだ……」と感じ、そこに価値を認めることができないのです。でも、最初にその仕事を始めたときのことを考えると、できるようになっていることがたくさんあるはずです。

そんなときには、**人に話を聞いてもらうことがおすすめ**です。自分がやってきたことを話していると、「えっ、すごいですね」とか「そんなにできるようになったのですか」という反応が返ってきます。それこそがあなたの価値になり得るものなのです。

さらに言うと、**そんな価値を認識できる自分であるべき**だと思います。そのためには、**しっかり記録をしておくことが大事**です。例えば、今の課題とそれを解決するための行動を書き出しておきます。そして、それを半年後に振り返ると、できるようになっていることは想像以上に多いものです。

私がコンサルをしているクライアントさんにも、毎月、抱えている悩みとできていないことをリストアップしてもらっています。そして、翌月に振り返るわけです。そのようなことを繰り返していると、「あっ、私は半年前にはこんなことに悩んでいたんだ。今は全然、そんなこと大丈夫なのに」ということが起こってきます。それを見て、自分の進歩を知ることができるのです。

このように、昔できなかったことができるようになったと明確にわかると、人は変化に気づくことができます。しかし、**書き出す作業をしておかないと、自分ができなかったこと自体を忘れてしまう**のです。

課題やアクションプランを書き出すことは、目標達成のための手段と考えている方もいるでしょう。でも、それだけではないのです。**自分の進歩を知って価値に気づくことができたり、進捗を知って自己肯定感を高めたりすることができる、よいツールにもなり得る**のです。

Step 3 最後は自分で決める

最後に行うのは、リストアップしてカテゴリ分けした自分の価値の中から、使うものを「選ぶ」ことです。ここで**大事なことは、自分で納得して決めること、そしてそれに対する周りの反応は気にしないということ**です。

まず、「自分で納得して決める」ということについては、人に意見を聞いてもよいのですが、最後は自分で「これ」と決めることが大事です。自分が一番大切にしているものとか、一番よく使っている強みなどがあると思います。他者の意見もあるでしょうが、最終的に**自分がこれを使いたいというものがあるのなら、自分の思いを優先すべき**です。自分で決めたことでないと、自分の思いや価値を伝えることができません。

そして、「周りの反応は気にしない」ということについては、なかなか難しいかもしれません。これは、**自分の選んだものが他人にどう思われようが気にしない、他人の評価を入れないということ**です。

先ほどの嵐が好きなデザイナーさんの例で言うと、彼女は「熱い思いのあるデザイナー」とすることを自分で決めました。ただ、彼女の熱い思いがすごいかというと、中にはもっと熱い思いを持っている人もいるでしょう。嵐の追っかけにしても、彼女以上に嵐に熱中している人はたくさんいるはずです。ですから、ここでもし彼女が遠慮してしまって、「私より熱い思いを持っている人はいるから」とか「私より嵐が好きな人はいるから」といった理由で「熱い思いのあるデザイナー」を選ばなかったとすれば、彼女の成功はなかったわけです。

私がここで言っている価値とは、誰かより優れているというものではなく、自分のキャラクターと商品を掛け合わせた際に生じるものです。彼女の場合も、熱い思いだけではなく、**熱い思いとデザイナーとの掛け合わせが素敵だから人が来てくれる**わけです。

ですから、そのキャラクターが人より優れているということには意味がないのです。そこに自分や他人の評価を入れる必要はありません。正確には、他者による「これはあなたらしいね」という評価は大事です。でも、**「すごい」とか「たいしたことない」といった、他人との比較評価には意味がない**のです。

このことは、価値をリストアップするときにも大事な考え方です。人より優れているということは、ここでは問題になりません。ただあなたがやってきたことを、リストアップしてください。

自分の価値を見つけた例

方法の話が続いてしまったので、このようなプロセスを通じて自分の価値を見つけることができ、ネーミングにつながった例をご紹介します。

山口敦子さんという方に、法人化する際の社名を考えるご支援をさせていただいたときのことです。彼女はこれまで「パレンピ」という屋号を使っていて、お気に入りの言葉なのでそれを使い続けたいという意向を持たれていました。しかし、一緒にディスカッションをしていく中で、「パレンピ」は少し違うかな、と思うようになったのです。

「パレンピ」というのは、フィンランドの言葉で「よりよい」という意味。山口さんがフィンランドのサウナが好きで北欧ファンなのと、「パレンピ」の「パ」の破裂音がかわいくて気に入り、採用したとのことでした。

人生も仕事も「よりよく」していきたい、との思いが込められた屋号は、とても素敵なものに感じられたのですが、それ以上に、私が山口さんご本人とお話しする中で受けた印象は、「包容力が高くて柔和な方」というものでした。言うならば、「マル」ではないかと思いました。実は彼女の旧姓が「丸森」で、「マルちゃん」と呼ばれていたのです。

そこで、「マル」というワードを真ん中にしてディスカッションを重ねていきました。すると、「マルちゃん」と呼ばれていたことだけではなく、学生時代に吹奏楽部でホルンを吹いていたことや、ご実家のおじいさんとおばあさんが「丸屋」という温泉宿を経営していることなど、「マル」に関するエピソードが浮かび上がってきたのです。

しかも、「マル」という言葉そのものが、包容力のある彼女の性格にもピッタリはまります。さらに、褒めて人を伸ばす彼女のスタイルは、まさに「マルをつける」ことですし、丸という形状には、全部を包括するとか、つながらせるという意味があり、それも彼女の仕事のスタイルにあてはまります。このように検討を進めていき、その形状や意味、印象などから、山口さんには「マル」だな、と確信するに至ったのです。

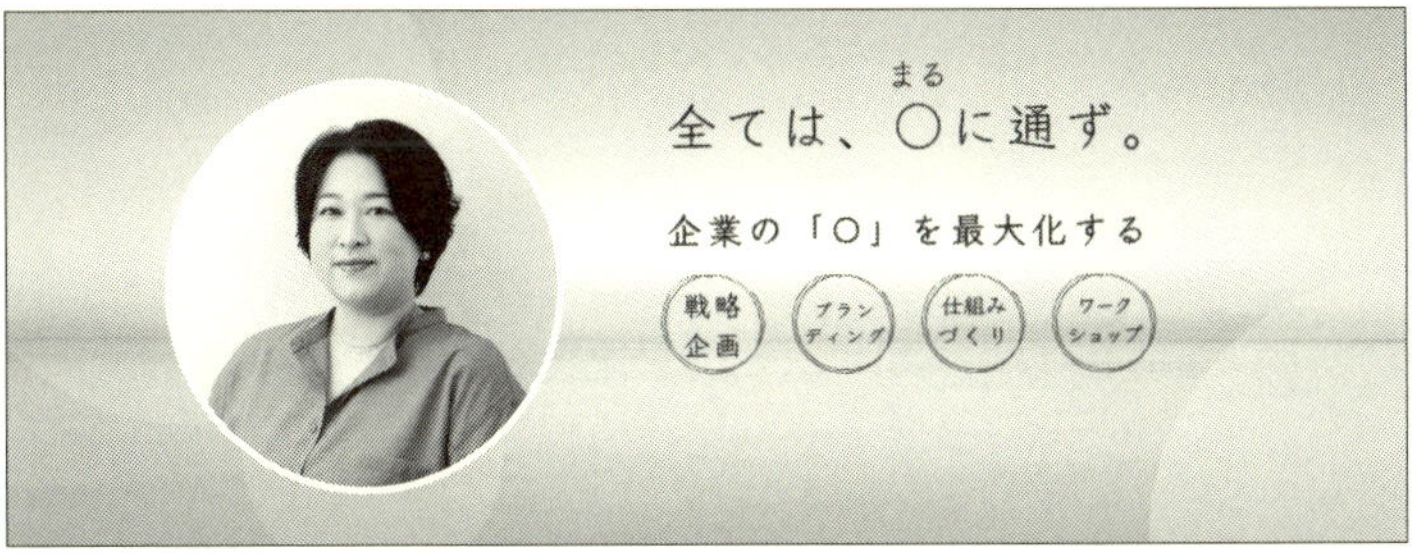

その後、別の方にも観ていただいたり、字数の鑑定をしていただいたりして、その結果でも「マル」が一番よい、という話になりました。それで彼女自身、「マル」で行くと決断することができました。それから「全ては、〇（まる）に通ず。」というキャッチフレーズも生まれ、「マル・コンサルティング」という名前が採用されたのです。

そうして、略して「マルコン」と自称するようになったり、ロゴにはご実家の「丸屋」をイメージしたものを採用したりと、彼女らしいイメージで統一されていくことになりました。彼女の友達や仕事の関係者にも大好評で、本当に彼女のあるべき名前になったという感覚でした。

新しい社名は、ビジネスにもよい影響を及ぼしました。「名前を変えました」という投稿だけで、仕事の相談が何件か入ってきたり、応援や称賛のメッセージをたくさんいただいたりしたそうです。

ちなみに、山口さんは当初「パレンピ」を推していたわけですが、もしご本人が、どうしてもこの名前がよいというのであれば、それでもよかったと考えています。自分が本当に好きで、テンションが上がる名前であれば、それが一番だと思います。「価値」を選ぶ手順のときに、「最後は自分で決める」とお伝えしたことには、そういう意味があります。

しかし、**自分が好きだからという理由の他に、その背後にあるストーリーが語れると、いっそう素敵**だと思います。山口さんの場合は「マル」に対して、ご自身のニックネームだったことや、学生時代にホルンを吹いていたこと、ご実家が経営する温泉宿が「丸屋」だということなどを、ストーリーとして語ることができます。すると周囲にも、「それならたしかにマルコンだね」と納得してもらえるのです。

自分が好きな名前であることは、一番大事です。しかし、ビジネスを行うことを考えると、社会に対する影響力が大事になってくることもまた、事実です。このように、**ストーリーを語ることができ、他者が納得してくれる名前こそが、「影響力のある名前」**というものではないかと考えています。

第1章にて、お客さまを惹きつける名前をつけるためには「自分の中の提供できる価値を見つけること」、そして「あなたのお客さまを見つけること」とお伝えしました。続く第2章では、前者の自分の価値を見つける方法をお伝えしたので、次は**あなたのお客さまを見つける方法**をお話しします。

ここで大事なことは、お客さま像を狭く絞ることと、その絞ったお客さまの感情が自分ごとのように感じられるようになることです。

もしかすると、名づけに興味がある方にとっては、少し回り道のように感じられるかもしれません。しかし、本当によい名前をつけるためにはこのステップは必要不可欠なので、ぜひチャレンジしてみてください。

第3章

あなたのお客さまを見つける方法

なぜ対象を絞るのか？

ということで、自分のお客さまを見つけていくわけですが、**この章で最初にお伝えしたいのは、「対象となるお客さまを明確にしてください」ということ**です。ここでは、**実在の1人の人物を特定できるほど、ターゲットを狭めることが大事**です。例えば、「30代で仕事と子育てを行っている女性」ではなく、「34歳で電気機器メーカーの事務職をしており、旦那は職場結婚の2つ上のエンジニア、子どもは上が5歳で幼稚園の年中の男の子、下が2歳の女の子。自分をアップデートするため、学びの時間や好奇心を大事にしているA子さん」といった具合です。その人が見ているテレビ番組は、好きな雑誌は、とそのレベルまで落としていくことが大事です。

これはマーケティングのペルソナに通じるもので、製品やサービスの典型的な顧客像を表します。ペルソナとは、古代ローマにおいて、役者が演技をする際に使う仮面を指しており、そこから1人の対象となるお客さまの具体像を考えることにつながっています。

この話をすると、多くの方が「見込み顧客を減らしてしまうのですか?」という反応をされます。でも、実際にはそうではありません。**1人のお客さまに絞り込むことで、その人の気持ち、ニーズ、伝えるべきメッセージを引き出す**のです。マーケティング用語では、これをインサイトとも呼びます。すると、**その1人に強く刺さるだけではなく、周りの人にも興味を持ってもらえるものとなる**のです。

このような考え方はいろいろな場面で使われていて、例えば『Domani』という女性誌は、明確なペルソナを決めて商品を紹介しています。この雑誌の場合は、「丸の内で働いている30代~40代の女性で、可処分所得が結構あって、ハイブランドを着こなすOL」といったイメージがあります。ですから、雑誌の世界観やモデルさんも、そんな読者が好むものに統一します。すると、そのターゲットだけではなく、そのターゲットに憧れている年下の読者や、そのターゲットに商品を展開したい会社の人なども、興味を持ってくれます。ターゲットが明確であるからこそ、雑誌が広い読者に届いていくのです。

ですから、私たちも、お客さま像を特定の1人に絞り込めるほど明確にして、その狭いお客さまのニーズを徹底的に掘り下げていくのです。すると、その通りのお客さまが来ることはもちろん、それ以外のお客さまに対しても、かえって認知が広がったり、好感を持ってもらえたりするわけです。

特に、小規模のビジネスをしている方にとっては、大きなメリットがあります。明確なお客さまを設定すると、自然とそのお客さまは自分と価値観の近い人になるでしょうし、お渡しする価値も明確になります。すると、自分も気持ちよく仕事ができるし、お客さまのために尽くしたいという思いも強くなります。その結果、**成果も出やすくなるし、お客さまから感謝されることも増える**のです。

私の場合も、この効果を強く感じています。最近はｗｅｂ広告を配信すると、来てくれる方が自分の考えている人そのまま、ということが増えています。設定したお客さま像に向けて商品の名前や広告のコピーをつくるので、該当するお客さまには本当に刺さるのだと思います。結果として、相性のよいお客さまが来てくれることになるのです。

もし、**結果的に顧客のターゲットを減らすことになったとしても、小規模のビジネスでは問題はありません。**小規模のビジネスは1万人に1000円の商品を売るというよりも、20人に50万円の商品を売るという世界です。ですから、**30人に知ってもらって、そのうち20人に販売できれば十分**なのです。ネットの世界では、人とはちょっと違う価値観の人も集まりやすいものです。そんな方をお客さまにすればよいのです。

お客さま像を設定するうえでは、実際のお客さまを掘り下げるのが一番簡単な方法でしょう。今のお客さまの中から、自分が来てほしい人を選んで、その人を掘り下げていくわけです。まだ理想のお客さまに出会えていない場合は、自分の知人の中からそんな人を見つけたり、同業者に来ているお客さまを観察したりして、お客さま像を設定します。

また、**過去の自分をお客さまとすることも、有効な手段**です。この場合は、過去の自分を振り返りながら、そのときの自分がどんな気持ちだったか、どんな商品やサービスを必要としていたかを思い出します。自分が通った道なので、同じような人はそれなりにいるでしょうし、自分の経験を語ることで、お客さまにも共感してもらいやすくなります。

Step 1 「日本に100人」くらいまでの感覚で絞る

お客さまを絞り込むときには、感覚的ですが**「こんな方は日本に100人くらいしかいない」というところまで絞り込みます。**この「100人」というのは主観でかまいません。

まずは次の7つの視点で顧客を絞っていきます。

なお、**1〜7**まで番号を振っていますが、必ずしもこの順番に従う必要はありません。考えやすい、想像しやすいところから考えていきましょう。

1．地域を決める

□特定のエリアを選ぶ▼自分のビジネスが主に影響を与えるエリアを決めます。

（例：自宅周辺の市や区）

2．職業を絞り込む

□対象の職業を選ぶ▼あなたの商品やサービスが役立つ職業を考えます。
（例：フリーランサー、カフェ経営者、美容師など）

3．年齢と性別を決める

□特定の年齢層を選ぶ▼対象となる顧客の年齢を決めます。
（例：20代、30代～40代など）

□性別を決める▼男性、女性、またはどちらも対象にするかを決めます。

4．家族構成を考える

□家族構成を特定する▼独身者、夫婦、子どもがいる家庭など、あなたのサービスや商品が特に役立つ家族構成を考えます。

5．所得レベルを設定する

□顧客の所得レベルを考える▼あなたの商品やサービスを購入できる経済力を持つ

顧客を考えます。

(例：年収500万円以上など)

6．趣味や興味を考える

□顧客の趣味や関心事を特定する▼あなたのビジネスが特に関心を引くような趣味や興味を持つ人を考えます。

(例：スポーツ、料理、DIYなど)

7．パーソナリティを考慮する

□顧客の性格や価値観を考える▼外向的、内向的、リスクを好むか安定を求めるかなど、顧客のパーソナリティを考慮します。

ターゲットというと、「30代の働く既婚女性」など、ざっくりしたものになりがちです。でも、この7つの視点を加えると、どこに住んでいるのか、何の仕事をしているのか、年収はいくらなのか、趣味は何なのか、とどんどん具体的になります。例えば、「35

基本属性	
名前：	水口由佳
性別：	女性
年齢：	28歳
居住地：	東京都世田谷区
職業：	化粧品会社営業職
年収：	400万円
家族：	夫と二人暮らし

行動情報	
友人：	大学時代の友人がメインだが、職場の同僚とも仲がいい。
関心：	30歳までに子供が欲しいと考えていて、健康面を気遣い日頃から情報収集をしたり、夫とも話している。
休みの日：	平日にできなかった家事を週末にまとめてやることが多い。夫とデートや友人とのお出かけも休日がメイン美容室は月に1度、カラーのメンテンスに行くようにしている。
消費動向：	必要だと思った自己投資にお金を使うことはためらわないが、基本的には堅実で、将来に向けて貯金や投資をしている。

歳の既婚女性で子どもはまだいない、横浜在住で、美容院でスタイリストとして働いて、年収は400万円、韓流のアイドルが好きな外向的な人」というと、一気に狭まっていることがわかるでしょう。

このように**複数の条件を組み合わせながら、最終的に対象となる人が、感覚的に100人くらいになるまで絞っていく**のです。

最終的には図のようなお客さま像ができればゴールです。名前や似顔絵もつけることで、友達として話している様子がイメージできるくらいまでになっていくでしょう。

お客さまのパーソナリティをイメージする

先ほど紹介したお客さまを絞り込む7つの視点の中で、「パーソナリティ」はやや難しいうえに、大事なので詳しく説明したいと思います。

パーソナリティとは性格ですが、性格を言葉で表すのは難しいものです。ですから、**タイプ別に分類して考えるとよい**でしょう。

次に示す8つのパターンを参考に、人を分類してみてください。これを見ながら「自分のお客さまとなる人はどんな人かな」と想像するのです。典型的な職業例も入れていますので、まずはそこから考えてもよいかもしれません。もちろん現実世界では、そんなふうに職業によってきっちり性格が変わるわけではありません。しかし、**お客さま像を設定するときには、型にはめるくらいのほうが取り組みやすい**です。

1．外向型（エクストロバート）
特徴▼社交的で人と関わることが好き、活動的でエネルギッシュ
行動パターン▼イベントや集まりに積極的に参加する、SNSでの発信が多い
職業例▼営業職、イベントプランナー

2．内向型（イントロバート）
特徴▼1人の時間を大切にする、考え深く慎重
行動パターン▼小さなグループでの交流を好む、読書や趣味に没頭する
職業例▼作家、研究者

3．リーダータイプ
特徴▼責任感が強く決断力がある、リーダーシップを発揮する
行動パターン▼プロジェクトを率いる、チームをまとめる
職業例▼経営者、マネージャー

4．フォロワータイプ

特徴　▼サポート役に回ることが得意、指示に従うことを好む
行動パターン▼リーダーの指示を忠実に実行する、チームプレーヤーとして活躍する
職業例　▼アシスタント、サポートスタッフ

5．クリエイティブタイプ

特徴　▼独創的でアイデアが豊富、芸術やデザインに興味がある
行動パターン▼新しいアイデアを考える、アートやデザインの活動をする
職業例　▼デザイナー、アーティスト

6．アナリティカルタイプ

特徴　▼分析力があり、データや事実に基づいて考える
行動パターン▼データを収集して分析する、問題解決に取り組む
職業例　▼エンジニア、アナリスト

7. リスク志向タイプ

特徴 ▼チャレンジ精神旺盛でリスクを恐れない、新しいことに挑戦する
行動パターン ▼リスクの高い投資をする、新規事業に取り組む
職業例 ▼起業家、ベンチャーキャピタリスト

8. 安定志向タイプ

特徴 ▼安定性を重視し、リスクを避ける傾向がある
行動パターン ▼安全な投資を選ぶ、長期的な安定を求める
職業例 ▼公務員、教員

例えば、先ほどお客さま像として紹介した28歳の水口由佳さんの場合、化粧品の営業職ですし、仲のよい友達もたくさんいそうです。だから、**1**の外向型の性格がしっくりきます。

このように**パーソナリティを設定しておくと、自分の商品を見たときにどういう反応をするかがイメージしやすくなります。**

Step 2 お客さまになりきって考えてみる

お客さま像を考えたら、次にそのお客さまが何を考えるかをイメージしましょう。例えば、先ほどの水口由佳さんの場合、由佳さんが自分の商品をどう思うか、考えてみるのです。

置かれている状況や価値観、性格がわかってくると、その反応も想像ができるようになってくると思います。この人は性格は朗らかで、会社の中ではコーディネイトの役割を担っていて、プライベートでは子どもを持つことに興味を持ち始めていて、趣味は料理で……、と考えてみると、商品を見たときにどう感じるか、どこに目が行くかは想像できると思います。

お客さま像はあくまで机上の空論ですが、その空論をもとにイメージを膨らますと、その人がどんな反応をするのかも予想ができるようになってきます。そして、**自分が提供しようとしているものが目の前に置かれたときに、喜んでくれるのか、そうではないのか、感じることができるようになる**のです。

それができると、**自分の商品を改めてそのお客さまの目でチェックすることができます。**そして、自分の商品がそのお客さまに刺さりそうになければ、お客さま像を見直す。こういうことを繰り返していきます。

こう言うと、難しそうに感じる方もいるかもしれません。「他人の気持ちなんて想像できるの？」と思いますよね。たしかに、内向型の人が外向型の人の気持ちを想像するのは、なかなか難しいかもしれません。先ほど「過去の自分をお客さまとすることも、有効な手段」とお話ししたのには、気持ちがわかりやすいという理由があります。**過去の自分であれば、ある状況でどのように感じるか、かなりの精度で予想することができる**でしょう。**まずはそこから始めるのが確実**だと思います。

ちなみに、私のようにある程度この作業を経験していると、自分と違う性格の人でも、反応を予想することができるようになります。そして、ペルソナが少し合わないとなれば、実在するお客さまからいろいろな性格を抜き出して、3人くらい混ぜて考えることもあります。そのように想像の精度がどんどん上がっていくのです。もしプロに相談できるとしたら、こんなことができるというのが、よいところだと思います。

このように、**ペルソナの反応を想像しながら、商品に対する反応がよい顧客像を探っていきます。**例えば、「30代半ばの郊外に住む、子育てをしながら働く女性を考えていたけれど、反応がよくなさそう。一方で、年代は同じだけれど都心部に住む独身OLだったら、商品を気に入ってくれるイメージができるから、こちらにしよう」。こういった感じです。

商品の名前によって反応が変わることもあります。ですから、**名前を変えながら、「独身のペルソナはどうだろう？　子どものいない既婚女性だとどうだろう？」と反応を予想していく**のです。

場合によっては、商品を根本的に見直すこともあります。これは「こういう人たちを救いたい」という、あるペルソナにこだわりのある方に多いパターンです。特にエステや美容など、女性が小規模で行うビジネスには、このようなケースが多いです。明確に救いたい人がいるときには、その人を救うために、どんな商品があればよいか想像していくのです。このアプローチは、お客さまからの共感を得られやすくなります。

ただ、本書はあくまでネーミングの本ですので、ここでは商品の名前を変えるか、ペルソナを変えるか、ということで考えていただければと思います。

Step 3 商品を買うシチュエーションをイメージする

ペルソナが自分の商品を見てどう思うかイメージができるようになったら、さらに踏み込んで**商品を手に取るシチュエーションを詳しくイメージしてみます。**

例えば、ドモホルンリンクルという商品をご存じだと思います。これは中高年の女性をターゲットとしたお肌のアンチエイジング商品です。「30代からの基礎化粧品」とか「年齢に負けない肌づくり」をコピーに展開されています。この商品を買うシチュエーションを具体的にイメージしてみます。

会社で残業をして21時に電車に乗って帰っているところを考えてみましょう。座ることもできずに「ああ、疲れた」とドアの横に立っています。そして、ふと外を見ると、窓に映った自分の顔が見えます。その顔があまりにくたびれていて「このおばさん、誰?」と驚くのです。そのときにドア横の広告に「顔がブルドッグなあなたへ」というコピーで化粧品が紹介されていたら……。「ヤバイ、これ、私のことじゃん」と思うことでしょう。そんな瞬間に「これ欲しい」と思うわけですね。

でも、よく考えるとこれは、年代によらないことがわかるでしょう。商品のお客さま像としては中高年をターゲットとしていますが、若い人であってもこういう瞬間はあり得ます。朝、メイクをするときに、目の下のクマが気になり始めたときにも、そんな瞬間があるでしょう。疲れが顔に出すぎて「ヤバイ」と思ったときに、商品が売れるわけです。

また、夏場にノースリーブを着たときに、二の腕がだらしなくぷよぷよしている。ダイエット系の商品が売れるのも、そんなふうに「ここがヤバイ」と感じた瞬間でしょう。

このような瞬間は、コンプレックス系の商品全般にあるものだと思います。白髪が気になって「隠したいな」と思う瞬間。髪が薄くなってきて「毛を増やしたいな」と思う瞬間。白髪も薄毛も、必ずしも高齢者に限った悩みではないので、若い人でもこんなシチュエーションになれば、商品を欲しくなるでしょう。

このように、**商品が欲しくなる瞬間とはどんなときか、想像を膨らませてみましょう。**

また、**商品を何のために買うのか、価値を改めて考えることも大事**です。

例えば、「コーヒーを飲む」ということだけでも、受け取る価値が違うことがあります。価値というのは大きく分けて3つあります。

1つ目は機能的価値。これは、商品のそのものの価値です。コーヒーであれば、味そのものになるでしょう。また、眠気覚ましのために飲むコーヒーも、こちらにあたります。

2つ目は情緒的価値。これは、商品を利用したときに自分が得られる感情の価値です。コーヒーを飲むと、単に飲み物を飲むというだけでなく、「リラックスできる」「落ち着く」といった感情が得られます。そのような価値は、こちらに該当します。

3つ目は自己表現的価値。これは、商品を通して自分をどう表現できるか、その表現できる価値です。わかりやすい例だと、「スターバックスでコーヒーを飲む私」を表現できることに、価値を見出す場合です。そのような価値は、こちらになります。

コーヒーの場合、機能的価値に関しては、とりわけ品質のよい物や好き嫌いを除けば、さほど大きくは違わないでしょう。スタバのコーヒーは美味しいですが、コンビニのコーヒーもかなりこだわっていて、十分美味しいです。

一方で、情緒的価値は異なります。スタバの場合は、「サードプレイス」という居心地のよい空間を売りにしているので、「リラックスできる」という価値になりますし、コンビニの場合は、移動中に簡単に見つけられるので、「便利」という価値になるでしょう。

最後の自己表現的価値についても、異なります。スタバの場合は、「スタバでコーヒーを飲みながら仕事をしている自分」が価値になるでしょうし、コンビニの場合は、「お得な選択ができる賢い自分」が価値になります。

これらは良い悪いではありません。自己顕示欲の強い人であればスタバのコーヒーに価値を感じやすいでしょうし、節約家の方であれば、コンビニのコーヒーを好む価値観になるでしょう。**大事なことは、決めたお客さま像に応じて、商品にどのような感じ方をするかをしっかりイメージすること**なのです。


最後に気をつけなくてはいけないことをお伝えします。

商品といっても、**お金を払う文化がないものは商品になりにくい**、ということです。だから商品は、お金を払ってもらいやすいものにしなくてはなりません。

例えば、ショッピングモールの中にあるカルチャースクールにはお金を払いますが、学校の部活にお金を払うのは抵抗がありますよね。また、日本ではトイレが有料というのも抵抗があるでしょう。あと、今ではＵｂｅｒなどの宅配サービスが一般的になってきましたが、昔は宅配にお金を取るのも抵抗があったでしょう。宅配ピザは日本でも一般的ですが、配送料が直接は見えないような料金体系になっていることがほとんどです。

このように、**お金を払う前提のないものを商品にしていないかは、確認が必要**です。「子どものトイレトレーニングや寝かしつけに10万円」と言われても、抵抗があると思います。一方で、保育料としてお金を払うのは当たり前です。ですから、**何に対してお金を払う設定にするかはとても大事**です。トイレトレーニングが価値でも、お金を払うのは「保育料」ということになるのです。

このことについても、ペルソナになりきってイメージしてみれば浮かび上がってきます。そんな感覚も感じられるよう、ペルソナをしっかりイメージしてください。

Step 4 本当にペルソナがいるのかどうか分析する

この章の最初に「見込み顧客を100人に絞る」という話をしました。そこで顧客を絞り込む方法についてお伝えしましたが、絞りすぎると100人よりももっと人数が少なくなってしまいます。さすがに10人だったり、最悪の場合、想定した顧客が実際には1人もいなかったりすると問題です。ですから、**見込み顧客がある程度の人数はいることを確認しておいたほうがよい**でしょう。ここではその方法の1つをご紹介します。

ここでは、**Googleのキーワードプランナーというツールを使って調べます。**これは、Google広告を出すときに利用するツールで、特定のキーワードがどれくらい検索されているかを調べることができます。例えば「起業」というキーワードの場合、月間検索数が5万件もあることがわかります。さらに、競合性（Competition）という項目もあり、これはそのワードに対して、広告を出す競合がどれくらいいるかを示しています。この競合性が高いと、競合が多いので上位表示されるのが難しくなるわけです。

このツールを使うことで、競合がどれくらい広告費を払っているかが見えてきます。本来は広告を出すときに使うツールですが、**市場において競合がどのくらいいるかを見積もる際にも役立ちます。**例えば、月間検索数が5万件もあってライバルが多い場合、さらに条件を追加して絞り込んだほうがよいでしょう。

一方で、キーワードの検索数が50の場合、とても小さいことを示しています。これは絞り込みすぎと判断したほうがよいでしょう。また0の場合は、その市場は存在しないと考えられます。こうなってしまうと、もうお客さまがいないと考え、絞り込みの条件を見直すべきでしょう。例えば、「四日市市、エステサロン」で調べたとして、50件になったとします。これでは狭すぎるので、「三重県、エステサロン」とか、もっと広く「東海、エステサロン」にしないと厳しい、ということです。

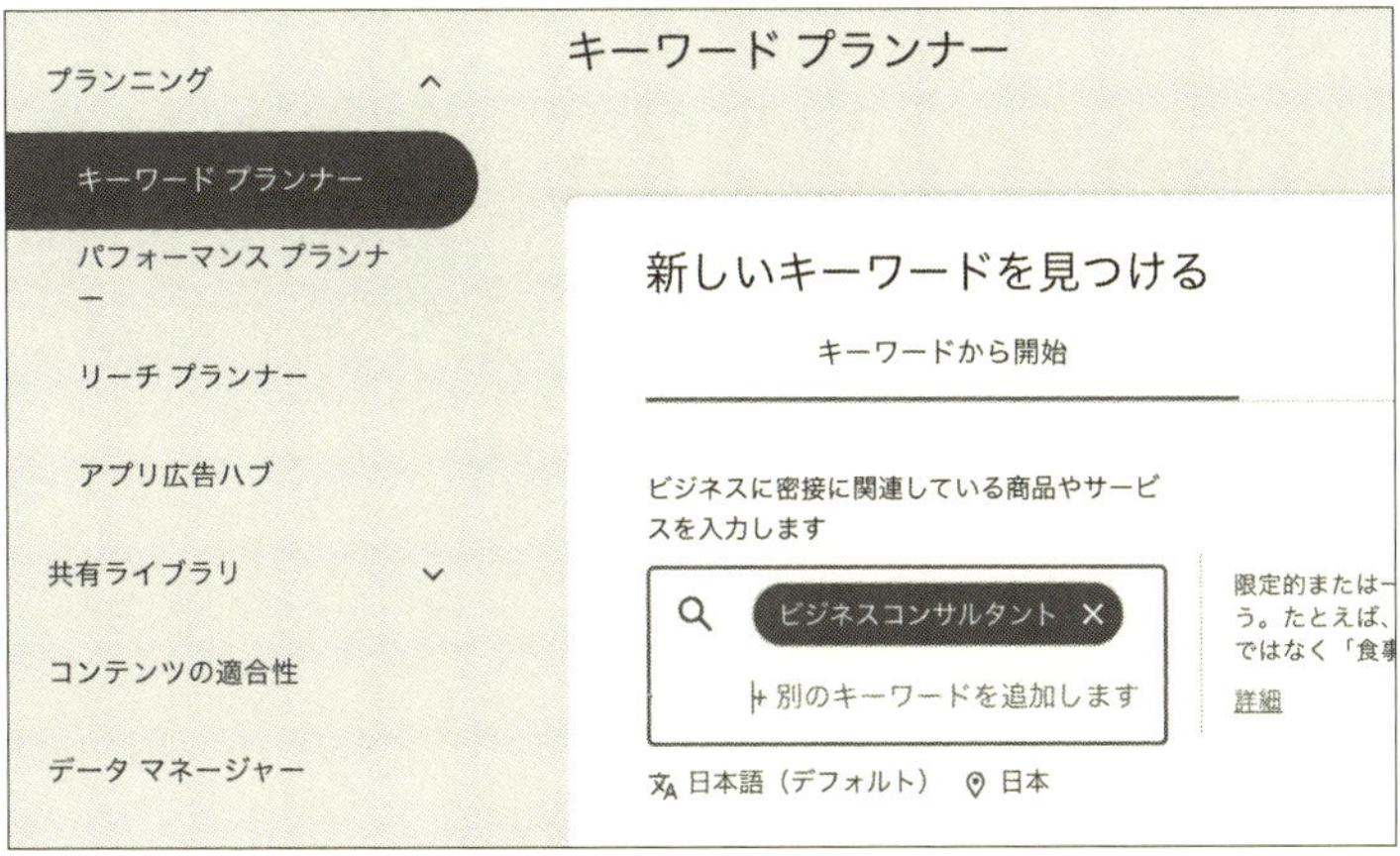

例えば、「起業コンサルタント」の場合、月間検索数が500件で競合もいるという状況です。これであれば、市場はある程度存在すると考えられます。この程度の市場を狙っていくのがおすすめです。

この章の初めでは、絞り込むことばかりを強調しましたが、**絞りすぎて全く対象のお客さまがいないというのも恐ろしいこと**です。そうすると全く反応がないわけですから。

出版の世界では類書（同じジャンルの書籍）がない本は危険だと言われているそうです。著者は「類書はありません」といって独自性をアピールしたがります。多くの場合は、著者が探し切れていないだけで類書は存在するものですが、本当に類書がないこともあります。ただ、そのときは喜ぶべきではなくて、ある意味危険サインだと捉えられます。出版の世界では、1日に出版される本は200冊とも300冊とも言われています。それだけ出版されているのに類書がないというのは、おかしいということです。

ですから、小規模なビジネスにおいても、対象とするお客さまがいることを確認しておきましょう。ここで紹介したように、Googleのキーワードプランナーで調べるのが望ましいですが、**最低限、ふつうにGoogleで検索したり、X(旧Twitter)やInstagramなどで検索して、様子を見ておくことが大事**です。検索結果が0件だったりしたら、それは危険サインと考えてよいでしょう。

全く競合がいないところには、お客さまもいません。当たり前ですが、魚がいるいけすで釣りをしないとダメなのです。

顧客の定義に成功した例

ここで、顧客の定義で参考となる事例を紹介します。

今、私が一緒にお仕事をしているTさんという女性のお話です。Tさんはデザイナーで、お店の空間デザインの仕事をしています。

お店の空間デザインという仕事は、何も形がないところから始まります。最初はお客さまの思いをうまくコンセプトにして、お店に来る人にどのような体験や感覚や感情を渡すのか、というところを明確にします。そして、そのためには照明をどうするか、床をどうするか、お店の面構えをどうするか、ということを決めて、形に落としていきます。

ですから、このお仕事の成果物は、ふつうに考えると店舗のデザインとなりますし、ターゲットは「お店をつくりたい人」となります。しかし、**彼女の本来設定するべき顧客層は、実は少しずれている**ようでした。

というのも、**彼女への周りの方からのお声がけが、デザイン以前の、コンセプトが何も決まっていない状態でなされることがほとんどだった**のです。「新しい事業の整理をしたくて、ちょっと壁打ちに付き合ってほしいんだよね」とか「Tさんのアイデアが欲しいから、ブレインストーミングに入ってほしいんだよね」という依頼が多かったのです。

彼女はご自身のことを、妄想傾向が強く、思考が飛びやすい性格だと言っています。ADHDの傾向があるのだそうです。それを彼女自身は欠点だと思っていました。実際、デザインをする過程では、その性格が邪魔をすることもあったようです。

しかしその気質は、実は最初のコンセプトやアイデアを考えるときには、とても役に立つものでした。それを周りの人たちははっきりと認識していたため、**何か新しいアイデア**

や発散的な思考が必要なときに、Tさんを頼っていたのです。彼女自身はただ雑談的にお話ししているつもりが、実はそれが彼らにとっては大きな価値だったのです。

ところが、彼女自身はそれが価値だということに気づいておらず、ずいぶん長い間、「デザイナーなんだから、コンセプトとかアイデアよりも、よりよいデザインを納品するのが仕事でしょ」と思い込んでいました。実は、私からの「発散的思考にTさんの強みがあるんじゃない?」という指摘があって初めて、「ああ、これが私の強みなんだ」と自覚するようになったのです。

そのときから彼女は、「これって私がうまくできるから、みんな頼ってくるのかも?」と考えられるようになりました。そして過去を振り返ってみると、たしかにその通りで、その最初の部分の仕事はうまくやれたし、苦にも思いませんでした。**彼女は相手の考えを広げたり、発展させたりすることが得意で、それで人に喜ばれることが多かった**のです。

そのうちご自身でも「これはとてもいい価値提供なのだ」と思えるようになりました。

彼女のお客さまとなる人は、「デザインそのものだけではなく、デザインをする手前の、事業内容やコンセプトについての発想やアイデアが欲しい人」だったのです。

その価値に気づいた彼女は、今まさに、初期のアイデア出しを商品にしようと取り組んでいます。具体的には、何もないところからお店や空間のコンセプトをつくったり、アイデアを出したりしていくことで、彼女はそれを「マインドとビジュアルのアイデンティティ」と呼んでいます。

最初は全く形の見えない状態から始まり、その見えない世界をどう表現するかが重要です。彼女はその部分に注力することとし、逆に、コンセプトが決まった後の実際のデザインは、他のデザイナーにお任せすることも増えました。これで彼女は、自分が最も得意とする分野に集中することができます。

彼女の商品名はこれから具体化させる段階ですが、自分の強みやパーソナリティを活かせる独自のサービスになることでしょう。

実は私も、自分の会社「風ひらく」の名前を考えるときに、彼女の力を借りていました。思考の最初の段階で、アイデアを飛ばすためには彼女が最適だと考えたのです。その彼女が自分の求められることに気づいて、本当によかったと思っています。

自分の作風を見つけたイラストレータの例

次に、あるイラストレータさんのお話を紹介します。

この方はKさんという方で、私のところに来られたときには、ご自身の作風に悩んでいました。というのも、イラストレータさんは頼まれてイラストをつくるわけですが、それで自分の個性が消えているように感じていらしたのです。作風が迷子になってしまっている状態でした。

イラストレータさんにも、デザイナータイプとアーティストタイプの方がいらっしゃると思います。デザイナータイプの方だと、相手の期待に応えることにやりがいを感じます。お客さまと話し合いながら作風を決めて、望まれているものを描くわけです。一方、アーティストタイプの方は、誰かが望むものというよりは、自分の中の好きな作品を出していくという、芸術家のようなタイプです。

この2つは、どちらが良い悪いといったものではないのですが、Kさんはどちらの方向性でいくか決め切れておらず、当時描いていたイラストは、クライアントさんの要望に応じてつくった作風でした。それも作品として悪くはないのですが、一般大衆にウケそうな、可もなく不可もないといった印象で、ご自身でも不完全燃焼だと感じておられました。

そんな中、私と彼女は、「本当に好きな方向性とはどんなものなのだろうか？」と話しました。その際、**Kさんがご自身の方向性を決めるきっかけとなったのが、Vision Board をつくること**でした。Vison Board とは、自分の未来の年表のようなもので、これからどんなこ

とをしていきたいかを書いて、写真やイラストを使って、それをビジュアルで表現したものです。

この中で、将来やりたい仕事として、例えば「雑誌『&Premium』の挿絵の依頼を受ける」とか「丸山珈琲のパッケージイラスト作成の依頼を受ける」など、具体的なものがいくつも出てきました。他にも、このブランドの仕事をしたいとか、この建物の壁面イラストを描きたいなど、彼女の思いがどんどん出てきたのです。つまり、**ここで出てきたお客さまが彼女の本当のお客さまで、彼女が本当に描きたいものだった**のです。

それがわかってから、彼女は大きく変わりました。できた作品がどこに置かれるのか、誰に届けるのか、明確にイメージできるようになりました。それを相手に合わせるのではなく、自分で決めるようになったのです。

彼女は、自分がもともと頑固おやじ気質であること、自分の世界を譲らないアーティストとして生きていきたいことを、言葉にするようになりました。作風も変わり、彼女ならではの色味やタッチができて、作品を見ると彼女のものだとすぐにわかるようになりまし

Before

After

その他の作品は
こちら

た。

　これがきっかけで、お仕事の相談もどんどん増えていきました。しかも、**作風が固まってきたので、自分に合わないお仕事は断れるようにもなった**のです。

　さらに、個展をやってみると、たくさんのお客さまが来てくれて売上が何十万円にもなったり、ECサイトを立ち上げたら、どんどん売れて売り切れ続出になったりと、周囲の評価も大きく上がっています。

　Kさんは、**自分のお客さまを決めることが、自分の作風を固めることにつながり、一気にステップアップできた**のです。

コラム 2

この本のペルソナ設定

本も商品ですから、この本を書くときにも、私は明確なお客さま像を設定しています。

ここでは本書のお客さまをどのように考えたかについて、お伝えしたいと思います。

読者：A子さん（45歳）

神奈川県の自宅の一室でエステサロンを開業して10年目。

からだを土台から整えて、痩せる、美しくなる、老けにくくなる、美容を伝えたい。

（痩身エステ、ダイエット指導、姿勢、歩き方、不調のない身体づくり、美肌、アンチエイジング）

常連のお客さまはいるが、最近新規のお客さまが減ってきて、危機を感じている。

この本のペルソナ設定

〈エステメニュー〉
痩身コース、フェイシャルコース、ウェディングコース
美肌コース、アンチエイジングコース

〈店頭販売、通信販売〉
サプリ、お水、化粧品

この本の企画をつくるときに、私はマーケティングのプランナーをやってきたので、テーマはマーケティングかなと考えていました。それで本屋さんに行って、マーケティングの本を研究してみたのです。

私はもともとの出身が広告会社なので、まず広告系の人が書いているマーケティングの本をピックアップしました。するとそれらの本は、「元コピーライターの……」とか「元博報堂の……」などと謳う、言語化の方法やキャッチコピーの書きかたをテーマにしたも

のが多かったです。そして、ＳＮＳの書きかたについては、いろいろな著者さんがいろいろな切り口で出版しているようでした。

これだけ類書があるのだから、お客さまもいることがわかりました。ですから私も、このジャンルを狙っていこうと考えたのです。

次に絞り込みです。キャッチコピーの本は多いですが、私はコピーライターではありません。業界の大御所の方々が出されている名著や書籍が多数ある中、ここで私が存在感を出せるとは思えません。

そこで、改めて自分を振り返ってみると、私にはGoogleやYahoo!に出す広告の文章を書いてきた実績があります。つまり、厳しい文字数制限の中で商品やサービスの魅力を伝えたり、イベントやセミナーに集客したりするということはやってきています。

そして私は、今まで個人事業主の小規模なビジネスの仕事をたくさんしてきました。会

コラム

この本のペルソナ設定

社員のときもそうですが、独立した今では、小規模なビジネスを展開されている事業主さんの商品やサービスの名前をつける仕事をしており、ネーミングについては実績も自信もあります。さらに私は、会社員時代も今も、女性に向けた商品を扱い、女性経営者の方と多く仕事をしてきたため、女性向けのマーケティングの経験が豊富です。

それらを組み合わせて、女性の個人事業主さん向けのネーミングの本をつくれば、私の経験やパーソナリティが活かせると思ったのです。そこで、この本の読者層を45歳のA子さんに決めたわけです。

第2章では、名前で表現すべき自分の価値を探しました。そして第3章では、お客さまを明確にしました。ここまでで具体的な名前を考える前準備ができました。

ですから、この第4章からは名前の話に戻っていきたいと思います。第1章で売れない名前の原因として、自分が見えていないこと、相手が見えていないこと、表現が間違っていること、などを挙げました。ここからは、逆に売れる商品にはどんな要素があるのか、という観点で考えてみましょう。

商品名に入っていないといけない**3つの要素**、それは「**誰のために**」「**相手の受け取る変化**」「**視認性と想起しやすさ**」です。後ほど詳しく説明しますが、大事なことは、お客さまから見て「自分のための」商品であることがわかること、自分にどんな変化をもたらしてくれるかがわかること、そしてそれらが効果的に伝わること、です。これから、それら3つについてご説明します。

第4章

商品名に入っていなければいけない3つの要素

要素1　誰のために

「誰のために」というのは、第3章で説明したペルソナに対して、「あなたのための商品だよ」と伝えることになります。

この本を読んでおられるあなたは、大企業で大量生産の商品を売っているわけではないと思います。おそらくひとりビジネスのオーナーさんとか、個人事業主の方、会社に所属している方でも何か特定のプロジェクトで新しいものを売っていこうとしている、そんな方だと思います。ユニクロのように、大量生産して低価格で提供するというビジネスをしている人ではないはずです。

その場合、**お客さまに「これって、自分のためのものだ」と思わせる何かが、名前に入っ**

ている必要があります。

世の中には、同じような商品やサービスがあふれているのが現状だと思います。昔だったら「リンスインシャンプーです」とか「携帯電話です」と言えば、それだけで売れた時代もあるかもしれません。つまり、商品が世に少ない頃には、その機能性だけで買ってもらえる時代があったということです。しかし、現在はそんなことはありません。類似の商品はあふれているので、**その機能、つまり自分が得られる変化だけでは、購買まで結びつかない**のです。

ですから、機能だけではなく、お客さまに自分のための商品だと思わせる要素が、名前に入っていなければならないのです。とはいえ、「シニアのための〜」とか「子育て中の主婦のための〜」といったように、ダイレクトに「誰のために」を入れるだけが答えではありません。そもそも、名前はできれば短いほうがよいので、あまり名前を長くするのはよい手段ではないのです。

それではどうするかというと、**ターゲット顧客が価値観レベルで何を考えているかが大事**になってきます。それは、第3章でお伝えしたように、お客さまの性格や価値観を考えていれば見えてくることだと思います。

例えば、オーガニック野菜に関心がある人はどんな価値観を持っているか？　それを考えれば「オーガニック野菜」という言葉自体が顧客を限定することがわかります。他にも「ゴージャス」とか「プレミアム」という言葉に反応するのはどんな人か？　そういうことを考えれば、お客さま像を明確にすることにつながります。もちろん、しっかりとお客さまを決めておくことが大事です。そして、そのお客さまが反応しそうな言葉を使うことで、直接的な表現でなくても、「誰に」を伝えることは可能になってきます。

さらに、**「誰のために」には「なぜ今買うべきか」というものも含まれます。**つまり、例えば「新製品」や「期間限定商品」とアピールすることは、「情報を知ったあなた」に限定することや季節感を出すこともできるため、有効な方法です。

要素2 相手の受け取る変化

次に、**「相手の受け取る変化」も、名前に必ず含まれなくてはいけない要素**です。

ただ、これを言うと、例えば「月収100万円になる」とか「1か月で10キロ痩せる」など、数値で誰もが認めるようなすごい変化がないとダメ、と思う人がいます。しかし、そんなことはありません。そういうものだけが、受け取る変化ではありません。

もっとささいな、感情面の変化でもいいのです。例えば、気持ちが静まるとか、安らぐとか、ウキウキするとか、やる気になるとか。**そんな変化が起きるのも価値**なのです。映画を見て泣いたとか、ドキドキしたとかも価値ですし、テーマパークでワクワクする瞬間や、高級ホテルでくつろげる瞬間も価値でしょう。「涙活」なんて言葉もあるわけですから、それが「相手の受け取る価値」だと考えられます。

例えば、私はお茶を習っていたことがあります。最初は作法が難しくて苦戦していました。「こちらの手を添えて」とか「位置はこれが左で、あれが右で」などと、頭で覚えなければいけないことが多いのです。

でも、習い始めて1年、2年と経ってくると、もう細かいことは身体が覚えているので、あまり意識しなくてよくなります。それで、作法通りにお茶をたてていると、さっと気持ちのよい風が吹き込んで来るような瞬間がありました。その時間や空間、香りなどが織りなす場というのは、とても心地のよいものです。そんなとき、お茶を習っていてよかったな、と感じました。

そんな価値もあります。少し難しいかもしれませんが、このような価値を名前で伝えられれば素晴らしいです。

また、私の商品の例で言えば、以前、「わたしブランディング」という講座をやっていたことがありました。「この名前の中に、『相手の受け取る変化』があるのか？」と思われるかもしれません。

正直に言うと、そういう視点では私も微妙だと思います。でも、「相手の受け取る変化」

についてはしっかり考えています。その結果、この名前になっているのです。

私は日頃、個人事業主の女性のクライアントさんたちから「ブランディングに悩んでいる」という話をよく聞きます。そんな人たちに自分のブランディング方法を提供したいと考え、始めた講座が「わたしブランディング」です。この講座は、クライアントの要望に対して、直球で価値を提供しているのです。

お客さまが受け取る変化としては、「わたし」自身をブランド化できるというものです。そんな悩みを持っている人には、具体的に「相手の受け取る変化」が入っていなくても、「自分自身でブランドを構築していくものなのだな」、「自分のブランディングのことを勉強できるのだな」とわかっていただけています。

「相手の受け取る変化」を語るうえで大事なことは、相手を変化させるつくり手の意思が名前に表れていることだと思うのです。その意思が入っていれば、一見よくあると思えるような名前でも、お客さまには伝わります。

一方で、自分が腹落ちしていない、それらしい名前をつけたとしても、それは人を動かさないでしょう。

例えば、ステージアップラボというコミュニティがあったとします。この名前だけでは、なんとなく既視感があると思います。

それでも、それが**相手の受け取る価値を考えて、自分の感情や思いを詰め込んだものであれば、人は動く**のです。一通り考えてみた結果、「自分はこれで行く」と決心したのなら、大丈夫なのです。

ただ、既視感のある名前には注意が必要です。可能であれば、もうひとひねりできないか、例えを上手に使えないか、言い換えができないか、検討してみたほうがよいでしょう。

「わたしブランディング」の場合も、やや平凡な名前ではありましたが、しっかり思いがあったので、お客さまにも認知され、広がっていきました。そこで、WBC（わたしブランドクラブ）というコミュニティをつくったところ、クライアントさんが喜んで入ってくれています。また、ロゴには手をかけたいなと思い、経験の豊富なデザイナーさんに頼んでかわいいロゴもつくりました。

このように、しっかりと思いがあれば、名前は伝わっていくものなのです。ただかっこいいだけの借り物の名前をつけても、相手に与える価値が自分の中で腹落ちしていないと、人はついてきません。やはり**自分でしっかり考えて、この商品を通じてお客さまがどのように変化するのか、腹に落とすことが大事**なのです。

そして、詳しくは第5章で説明しますが、商品名に入れる変化としては、「ネガティブが解消される変化のほうが購買につながりやすい」ということがあります。つまり、**よいことがさらによくなる変化より、悪いことが悪くなくなる変化のほうが、お客さまに強く刺さる**のです。そのことも頭に入れておいてください。

要素3 視認性と想起しやすさ

最後に、**名前をつけるときにもっとも大事な要素が、「視認性と想起しやすさ」**です。言い換えると、「それが何なのか、すぐに理解できる」ことです。その中でも、提供するサービスが何であるか、わかることが大事です。

よくある間違いが、「私の講座は唯一無二で……」ということを強調しすぎて、第1章で紹介したような、よくわからない名前になってしまうことです。

例えば、「スピリチュアル・スペシャル・エクスペアリエンス（SSE）」という講座があったとします。これでは、何の講座なのかわかりません。何を提供するのかということをシンプルにしないと、うまく伝わらないのです。「何」がわからないと、「じゃあ、私にこれは関係ない」となってしまいがちです。

他にもよくあるのが、「私はカラーセラピーをやっていて、料理もやっていて、カウンセリングもやっていて……」と、自分が提供できるものをとりあえず並べ立て、結局何だかわからない商品になるケースです。

それらをセットにして独自の商品にしたいという気持ちはわかりますが、やはり**商品にするときには最低限、お客さまがすぐに内容を理解できることが大事**なのです。だから商品名をつくるときには、料理の「講座」、カラー「診断」、といったように、提供するものをわかりやすい言葉、つまり名詞にするべきなのです。

伝わりにくい名前のパターンには、固有名詞を使っているものもあります。

例えば、エステサロンの「RealBeauty」のような名前。この「RealBeauty」だけを取り出しても、何のことだかわかりません。ですから、「若返るエステサロンRealBeauty」のようにしないと伝わらないのです。

あと1つ付け加えるのであれば、先ほどお伝えした**「相手の受け取る変化」も、わかりやすく入れ込むべき**です。だから、かっこいい言葉をつなげるよりも、例えば「ママきれいクリーム」といったベタでシンプルな名前のほうが、引きが強くキャッチーになります。

このようにわかりやすさはとても大事です。栄養ドリンクだったら「エナジー〜」とするとか、睡眠薬なら「スリープ〜」とするといったように、わかりやすい名前にすることが大事なのです。また、名前だけでなく視覚的なロゴに連動させることも効果的です。「ホワイト〜」という商品だったら、白いロゴにするなどです。第3章で紹介した「マル・コンサルティング」の場合、マルがポイントなので、ロゴももちろん丸にします。

さらに、**なるべく短い単語のほうが、やはり覚えられやすい**です。例えば、「ピュア」とか「グロウ」とか「ドライ」といったものがおすすめです。「エボリューショナル」のように、長いと伝わりにくくなってしまいます。また、肩書きとして「エグゼクティブライフコーチ」のような名前があったとして、それならシンプルに「ライフコーチ」だけにしたほうが、かえってわかりやすくなったりもします。

例外的に、「フラットデザインスタジオ」などは、長くてもいい名前だと思います。これは、1個1個がとても簡単な単語なので、長くても認識しやすいのです。しかし一般的には、長い名前は認識するのが難しいので、避けたほうがよいということです。**長さに関しては、全体の文字数を17文字くらいにするのがおすすめ**です。これは、日本語の場合、多くのスマホの機種で1行に収まる文字数です。SNSでも、自分の肩書きにはかなりの文字数を使うことができますが、1行で書けるのが望ましいと思います。それが1つの目安になります。

同じ理由で、**英単語がたくさん並ぶものも、好ましくありません。**やはり、それが何かがわかるまでに時間がかかってしまうのです。他にも、「OPS」などと**頭文字を取る方法も、その意味は伝わりません。**内輪では問題ありませんが、外に出すネーミングとなると避けたほうがよいでしょう。

ただし、頭文字であっても、意味が伝わる言葉であれば問題ありません。例えば「ABCクッキングスタジオ」は、「ABC」に日本語の「いろは」、つまり初歩から教えてくれる、という意味が含まれています。ですから「ABCクッキングスタジオ」は、その思いが直感的に伝わる、いい名前と言えます。

また、**漢字ばかりが並ぶと、硬くて近寄りがたい印象になってしまいます。**ただ、漢方薬局のように、そんな印象を伝えたい場合であれば問題ないでしょう。

これは、国家資格を使うときにも気をつけたほうがいいかもしれません。例えば「中小企業診断士」というと、これしか名乗りようがないわけですが、かなり硬いイメージを与えてしまいます。ですから、あえて平仮名にするのも手かもしれません。「歯科医師」も硬いので、「はいしゃさん」とひらがなにすると、親しみやすい印象にできるでしょう。さらに、「幸福学専門家」というと、硬くあやしい感じが漂いますが、「幸福学を伝える人」にすると、やわらかい印象になります。

また、健康系の緑茶の商品を「長寿健康促進緑茶」とすると、印象が硬くなり、意味もすぐには理解できません。それよりは「長寿&ヘルス緑茶」としたほうが、印象がやわらかく、わかりやすくなると思います。

理想的なのは、「食べる美容液」のように、簡単な言葉で意外性を出すことですが、そうでなくても、**独自性よりもシンプルさを重視したほうが、よい結果につながる**でしょう。

ちなみにこの名前は、「美しくなれる」という、相手に対しての価値が想起されるのも素晴らしいポイントです。感覚的に受け取れることが大事になります。

先ほどの私の「わたしブランディング」の例で言うと、「ブランディングをしたい」「コンセプトが定まらない」「ビジネスがうまくいっていない」「1人では進められない」「第三者に見てもらいたい」といったニーズがある中で、それらを解決できることを名前に込めると、どうしても長くなってしまいます。だから、シンプルに「わたしブランディング」にしたという背景もあります。

このように**名前は、短時間で伝わることが大事**です。スマホで情報を探しているときも、見るのはほんの一瞬です。パッと読んで情報が伝わらないと、お客さまに興味を持ってもらうというのは、やはり難しいのです。

伝わりやすさを判断するときには、ポイントがあります。それは、**名前を言ったときに聞き返されないか**ということです。相手がきょとんとして「もう1回言って」と言われることがあると思います。それが多いのは、よくない名前である場合がほとんどです。いくらかっこよくても、聞き返される名前には注意してください。

例えば、私が主宰している講座の名前に、「ザ・コンソーシアムモデル」というものがあります。これはたいてい、「えっ」と聞き返されます。しかも、誰も覚えていません。実際のところは、別の意図があってこの名前を選んだのですが、通常はこのような名前をつけてはいけません。しかも、これは合計で22文字です。長すぎるという意味でも、この名前はアウトとなります。

さらに、**口で言いやすいことも大事**です。「ハッピー」とか「ピュア」といった言葉は、単語としても短いし、意味としてもポジティブで、明るく楽しい気分になれるので、おすすめです。私の会社の名前である「風ひらく」も、文字数が5文字ですし、「ひらく」という言葉にポジティブな意味があります。そのうえ、口ずさみやすいのが特徴だと考えています。

名前の候補を考えるときには、とにかく短くわかりやすく、口ずさみやすいことを大事にしてください。

パルス消費とは

今は昔に比べ、購買行動が大きく変化しています。**AIDMAと呼ばれる行動から、パルス消費という行動に移っている**と言われています。

AIDMAというのは、Attention（注意）、Interest（関心）、Desire（欲求）、Memory（記憶）、Action（行動）の5段階から構成される購買行動です。つまり、まずはお客さまの注意を引くこと（Attention）から始まり、関心を持ってもらい（Interest）、欲しいと感じてもらい（Desire）、商品を記憶してもらい（Memory）、購買してもらう（Action）、というものです。つまりAIDMAとは、商品に目を留めてもらうところから、段階的にステップを進めて購入してもらう、という考え方です。

一方、ここで紹介する**パルス消費とは、商品を見て、瞬間的に「あっ、買おう」と思い、すぐに購入してしまう消費行動**です。これは、2019年にGoogleによって提唱された考え方です。まさにネットならではの購買行動で、空き時間にスマホを操作し、瞬間的に買いたい気持ちになって、実際に購入してしまうという行動です。「あっ」という感じで、気づけば買ってしまっていた、というわけです。

消費者の行動がパルス消費に移ってきているため、順を追って商品を知ってもらう仕組みをつくるというより、**瞬間的に購買意欲をあおり、その場で決済してしまう仕掛けをつくることが大事になってくる**のです。

このことは、数十万円以上の講座のような商品を提供していても感じます。従来は、高額な商品なので講座を知って、情報収集して……、という方が多かったと聞いています。しかし今は、「広告でたまたま見たんだけど、言葉が胸に突き刺さって、そのまま購入してしまいました」という買い方をされる方がいます。これだけの価格の商品なら、もっと時間をかけて検討する気がしますが、それを一瞬で決めてしまうわけです。

私の具体的な講座の例で言うと、「自分の天才性を活かしてビジネスしよう」「1人で頑張らないで協業モデルでビジネスしよう」ということを訴えたところ、それが刺さって買ってもらった、ということがありました。

たぶんそのお客さまの中に、意識的にか無意識的にかはわかりませんが、そのような商品に対する欲求があって、それが目の前に現れたから、「あっ、私の欲しかったのはこれなんだ」と感情が高ぶったのだと思います。

それは、この章でお伝えしている「誰のために」「相手の受け取る変化」「視認性と想起しやすさ」の上にお客さまの意識が共鳴すると、瞬間的に突き抜けて起こる行動と考えられます。つまり、**名前の持つ役割がそれだけ高まっている**と言えるでしょう。

さらにGoogleの調査の中で、**消費者が、買う瞬間まで知らなかった商品を買うことに抵抗がなくなってきている、**とも報告されています。これは、消費行動の変化によってネットでモノを買うことが日常的になり、知っている商品かどうかということはさほど重視されなくなって、むしろ知らなくて当たり前、という意識が強くなっているからでしょう。さらに、特に目的なくECサイトを眺めることも当たり前となっています。

パルス消費への移行には、**消費者が「これだ」と思って買う行動を楽しんでいる、という一面もある**のかもしれません。20年くらい前までは、「通販で買う商品って大丈夫なのかな」という意識があったと思います。「私は絶対に実物を見ないと買わない」という人もそれなりに多かったでしょう。しかし、近年になってネットでモノを購入することへのハードルが一気に下がり、パルス消費が起こりやすくなっていると考えられます。

あるいは、私自身もパルス消費をすることがありますが、**この行動の正体は「面倒くささ」なのかもしれない、**とも考えています。検索したり、調べたりすることが面倒に思えて、目の前に現れたものを「これでいいじゃん」と買ってしまう。本当はそれ以上情報収集をすれば、もっといい商品が見つかるのかもしれません。でも、面倒くさいし、忙しいし、「私の目の前にこれが現れたのだから、もう運命なのね」とその商品を選ぶのです。さらに、リターゲティングというネット広告の仕組みによって、1回クリックした商品・サービスがwebサイト内の広告に繰り返し現れるので、余計にその傾向が高まっていく、ということも考えられます。

いずれにせよ、**パルス消費を引き起こす大きな要素が名前であるわけですから、これから名前の重要性はますます高まる**ことでしょう。

個人がプロに勝てるわけ

この本を読んでいらっしゃるあなたは、マーケティングやネーミングを専門とする方ではないと思います。ひとりビジネスで自分の商品に名前をつけたい方や、会社員なら何らかのプロジェクトを任されて、その中で名前をつける必要が出てきた方、もしくは、趣味の活動で人を集められる名づけを学びたい、という方もいるかもしれません。少なくとも、広告代理店で大企業のコピーや商品名を考えるような、本当のプロの方はいらっしゃらないでしょう。多くの方は名づけというと、このような本当のプロには勝てない、と考えるのではないかと思います。しかしここでは、**そんなプロにもあなたは勝てますよ、**という話をお伝えしたいと思います。

まず、**プロでも失敗します。**周囲を見回してみれば、広告費がふんだんにかけられた大手企業の大規模なキャンペーンを目にすることもあるでしょう。そういうキャンペーンにはたいてい大手広告代理店が絡み、本当のプロが名づけをしたりコピーを書いたりしていることと思います。しかし、それらが全て成功しているかといえば、そうではありません。というより、むしろ外しているもののほうが多いくらいです。つまり、プロでも大きく外すことはあるのです。

ただ、**そのときに外すものは、「誰のために」か「相手の受け取る変化」であることがほとんど**です。逆に言えば、「視認性と想起しやすさ」が外れることはほとんどありません。そこはプロの実力とも言えるでしょう。

ということで、どれだけ経験を積んだプロであっても、「誰のために」を見誤ることはあるし、「相手の受け取る変化」をうまく表現できないこともあります。**それがないと、いくら「視認性と想起しやすさ」に優れたインパクトのある言葉だったとしても、誰を動かすこともできない**のです。

次に、**大手企業の宣伝にはそれなりのしがらみもあります。**大手企業ではブランド戦略がしっかり考えられ、社内に専門の人材がいることも多いので、コピーライターの活動が制限されることも多々あります。つまり、その会社がもともと持っている哲学とかパーソナリティが定められた、ブランドガイドラインと呼ばれるルールに縛られてしまう場合が多いのです。また、社内の政治的な力でブランドの方針や名前が決まってしまうなど、なかなか難しい面もあります。さらに、デジタル化を推進することで成約率を上げたいとか、ブランドを統一することで管理費用を浮かせたいとか、そんな裏の目的が存在していることもあります。

ですから、本書を読んだあなたが周囲を見回してみると、基本さえも満たしていない名前がたくさんあることに気づくと思います。それはきっと、わかってはいても、数々のしがらみの中で決められた名前なのでしょう。

ただ、そこは大手企業なので、ブランド力や商品力や販売力は強く、名前がわかりにくくても売れる製品がたくさんあります。それでも、名前がよかったらもっと売れたはずで、**大手企業も使っているからという理由で、安易にマネをするのは危険**です。特に化粧品やシャンプーの名前には、音がかわいいとか、雰囲気がきれいといった、直感的に響きがよい言葉もあるかもしれません。しかし、そこを目指すのではなく、**あくまでしっかりと価**

値が伝わる名前をつけたいものです。もしそれでも、かわいい、きれいなどの価値観を伝えたいのであれば、ロゴやデザインにしっかりと時間とお金をかけて、磨いていくことをおすすめします。

やはり**名前はわかりやすさが一番で、シンプルなものがうまくいく**感覚があります。つまり「○○塾（○○は講師の名前）」とか「コーチング」といったシンプルなものです。これが「自己改革シンデレラコーチング」になると、うっとうしく感じてしまいます。やたら長い名前やキラキラネームのようなものは、基本的には敬遠されるのです。

以上のことから、「誰のために」と「相手の受け取る変化」をしっかりと考え抜けば、誰にでも売れる名前は生み出せると言えます。**自分のお客さまのことを考え抜いた共感性の高い名前や、自分のお客さまに価値が確実に伝わる名前をつければ、その訴求力は大手企業にも負けることはない**でしょう。ですので、自分とお客さまのことを、とことん考え抜きましょう。そうすれば、プロでなくても、むしろプロでないからこそ、自分のお客さまに刺さる名前をつくることができるのです。

第4章では、商品名を考える際に大事な3つの要素を説明しました。とはいえ、それらを全て考えるのは難しいと思うかもしれません。この章では、その3つのうち「誰のために」と「相手の受け取る変化」を満たす商品名フレーズの**切り口**を紹介します。

この切り口とは、「**すべきなのにできていないこと**」「**マイナスの感情を抱くこと**」「**どうせ無理だろうと諦めていること**」「**やりがちな間違い**」「**これさえ手に入ればできると思っているもの**」の5つです。これらがうまく使えるようになると、第4章で説明したパルス消費を起こし、一瞬で買ってもらえるようなことも起こるでしょう。

ただ、これを聞いて、「何かネガティブなものばかりだな……」と感じる方もいると思います。実はそれは正解で、商品名をつけるときにはネガティブに着目するべきなのです。本章では、ネガティブに注目する理由についても、詳しくお伝えします。

第5章

相手に一瞬で伝わる商品名フレーズ 5つの切り口

切り口 1

すべきなのにできていないこと

「○○すべきなのにできていない」という感情は、人にストレスを与えます。「勉強しなきゃいけないのに」とか「痩せなきゃいけないのに」、また「片づけなきゃいけないのに」といった感情です。その**ネガティブな感情を刺激しながら、「これなら私でもできる」と思わせるのがこのネーミング方法のパターン**です。

例〉ちょこザップ

多くの人が日常生活の中で感じる「すべきなのにできていないこと」の1つに「運動」があります。忙しい中で運動を続けることは難しいものです。運動が大事なのはわかっているものの、ジムに行く時間が取れない、長続きしないという悩みを持つ人は多いです。

そんな継続が難しい運動に、「ちょこザップ」は気軽なイメージを持たせてくれます。「ちょこザップ」の「ちょこ」は「ちょこっと」（少し、手軽に）を連想させ、簡単に、少しの時間で運動ができるという特徴を強調しています。「ちょこザップ」は、短時間で気軽にできる運動プログラムやサービスを提供することで、運動不足を解消したいけれど長時間のトレーニングが続かない人々の悩みを解決してくれます。

「ザップ」という言葉は、知名度のあるパーソナルトレーニングサービスである「RIZAP（ライザップ）」を連想させます。ライザップは費用も数十万円と高額で、なかなか厳しいイメージがありますが、それを気軽に行えることを伝えています。ライザップの本格的なイメージを引き継いでいるのです。

語感としても、「ザップ」は口ずさみやすく、親しみやすい響きがあります。「ちょこザップ」という言葉の響きはキャッチーで、日常の中で気軽に使える感じです。

切り口

2 マイナスの感情を抱くこと

これは**マイナスの感情を呼び起こすものを想起させて、人の興味を引くパターン**です。

「こんなことになったら恥ずかしいな」という感情を連想させて、それを止める商品であることを訴えます。特に小林製薬の製品には、この方法に秀でたネーミングが多く、参考になるものが多いと思います。

例〉ガスピタン（胃腸薬）

この「ガス」は、ズバリおならのことです。おならの音が聞こえてしまうと、ものすごく恥ずかしいですよね。その感情を人に想起させて、それを止められる薬であることを伝えます。

「ピタン」はピッタリ解決という意味を表していて、すぐ止められる、強力に止められる、というニュアンスが伝わってきます。

そして、「ガスピタン」は、語感もとてもよいです。

例えば、このパターンでは「ピタン」を言い換えたものとしては、「ガスストップ」「ガスバイバイ」「ガスブロック」などが挙げられます。また、「ガス」を言い換えたものとしては、「オナラピタン」「ヘッピタン」「ブップピタン」などのバリエーションが考えられるでしょう。

これらの中でも「ガスピタン」は語感もよく、意味も伝わるうえに、すぐに効いてくれそうな感覚があることがわかるのではないでしょうか。とても秀逸なネーミング例です。

例 ❯ ゴキブリホイホイ

これは、嫌いな人であれば見るだけで叫んでしまうような、「ゴキブリ」という言葉を使っています。「ゴキブリ」で聞く人にマイナスの感情を想起させたうえで、「ホイホイ」

でどんどん駆除できるというイメージを出し、マイナスの感情を打ち消してあげるネーミングです。

「ゴキブリ」は語感からして恐ろしそうなものですが、「ホイホイ」という軽く、口ずさみやすいフレーズを使うことで、軽くてコミカルな印象を与えます。

この「ゴキブリホイホイ」は、開発当時が怪獣ブームであったことから、「ゴキブラー」という名前が検討されていました。しかし、パッケージにしてみると怖いイメージになってしまったため、「ゴキブリホイホイ」に変わったという背景があったようです。ゴキブリを恐れるのは、女性の方が多いでしょう。ですから、そんな女性に手に取りやすいイメージを持ってもらうためにも、「ゴキブリホイホイ」は上手な名前だったと言えるでしょう。

ご存じの通り、この商品は大売れし、当時苦境にあったアース製薬を救って「ホイホイ捕れて、ホイホイ売れて、ホイホイ儲かる」という言葉を生み出しました。

切り口 3 どうせ無理だろうと諦めていること

「こうだったらいいのになー」。そんなふうに、人間は何かに憧れることが多いと思います。しかし、特に年齢を重ねてくると、「それは私にはムリ」と諦めてしまうことも多いでしょう。そんな**「私にはできない」を「それって、やれるんじゃない」に変えて、お客さまの興味を引くのがこちらのパターン**です。

例 ❯ 駅前留学NOVA

英語は、日本人の永遠の課題と言ってもよいかもしれません。日本語の文法や発音があまりにも英語から遠いために、日本人が英語を身につけるのは簡単ではありません。

そこで、日本人の多くが憧れるのが、「留学」です。若いうちに海外に行けば、なんとか英語が使えるようになるのではないかと思うわけです。しかしながら、社会人になってしまってからは、経済的な問題からも、時間的な問題からも、「留学」はほとんど不可能なものと考えられてしまいます。

このように、みんなが無理だと諦めている「留学」を身近に感じさせてくれるのが、「駅前留学」というコンセプトです。「留学」は大変だけど、「駅前」ならお金も時間も少しでできそう、と感じさせてくれます。英会話教室を、「留学」の代替手段として置いているところも新しいです。

また、NOVAは、講師が外国人であることを特徴としています。ですから、その特徴を「留学」に置き換えて、うまく表現しているわけです。

例 〉働かないで年収1500万円稼ぐ方法

働かずに遊んで暮らしたい、という欲望は誰にでもあると思います。子どもの頃はそんな夢を本気で持っていた人もいるかもしれません。しかし、高校↓大学↓社会人と進むにつれて、そんなことを考えるのはバカなことである、という一般的な常識が刷り込まれてしまうわけです。

そんな常識を正面から否定したのが、「働かないで年収1500万円稼ぐ方法」です。「働かないで」ももちろんですが、年収が3000万円とか1億円でなく「1500万円」であることにリアリティを感じ、引き寄せられてしまいます。

ただ、「働かないで年収1500万円」というのは、どう考えても難しいですよね。本当にそれが実現できると考えている人は、ほとんどいないはずです。それでもつい手に取ってしまうところに、人間の心というものがあると感じています。

切り口4 これさえ手に入ればできると思っているもの

人が「これさえあれば、自分の人生がよくなるのに」と思っていることってあると思います。例えば「勉強さえできれば」という人もいるだろうし、「素敵なパートナーさえいれば」と思う人もいるだろうし、「身長さえ高ければ」という人もいるでしょう。

ここでは、そんな**「これさえあれば」というコンプレックスのような思いに応えることにより、お客さまを惹きつけるパターン**についてお伝えします。

例 〉秒でモテ髪

髪は、特に女性にとって、自分のアイデンティティの一部になっているという方も多いと思います。でも、ツヤがないとか、まとまらないとか、くせ毛だとか、1人1人いろいろな不満を抱えているものです。ほとんどは「隣の芝生は青い」といったものなのですが……。

この例は「モテ髪」なので、自分が異性にモテない原因が髪にあると思っているお客さまの気持ちを深くつかみます。しかも、「秒で」というフレーズが手軽さを表していて、簡単に変えられる商品の特性を伝えています。

実際、髪を変えて気分が変わると、幸せが呼び込まれてくるでしょう。髪が全てというのも、人によっては間違いではないのかもしれません。

例 ❯ 運命を変える 魔法の3秒褒めフレーズ

コミュニケーションの悩み、つまり人間関係の悩みは人間の本質的な悩みの1つだと思います。コミュニケーションさえうまければ、みんなと仲良くできるのに、と悩む人は多いでしょう。

この例の名前はシンプルですが、「魔法の」という言葉は想像以上に効果が高く、この言葉に惹きつけられる人は多いです。

切り口 5 やりがちな間違いを指摘する

最後に紹介するのは、特に講座や教室のようなビジネスをしている方に有効な方法です。ビジネスや美容の世界では、「これは当たり前」と思われているような常識があります。**その常識を打ち砕くことで、お客さまの興味を引くパターン**です。「あなたがうまくいかなかったのはこれをやっていた（やっていなかった）からだ」と主張して、お客さまを惹きつけ、自分のメソッドのよさを伝えるのです。

例 〉たった1枚写真を変えるだけでお客さまを呼び込む
シンデレラフォト集客術

お店や事業を運営している人は、常に「集客」という課題に向かい合っていると思います。この本を読んでいるあなたもそうかもしれません。どんなビジネスでも、お客さまが来ない限りは始まりません。

ですから皆さん、集客にはさまざまな努力をしているでしょう。チラシを配ってみたり、SNSで広告を載せてみたり、コミュニティに所属してみたり、ホームページをつくってみたり、さまざまな方法があります。

これだけ複雑なものに対し、唯一の解決法を示してお客さまの注意を引くわけです。この例では「たった1枚写真を変えるだけで〜」と、今まで集客がうまくいかなった理由はプロフィール写真にあると診断して、その写真を撮影する方法を提供するわけです。

この講座は女性向けですが、女性にはビジネスを別にしても、きれいな写真を撮りたいという欲求は強いと思います。ビジネスだけでなく、きれいになりたいという女性の心をつかんだ、素晴らしいコンセプトだと思います。

例 自分を満たしてあげればリバウンドしない　自己肯定感ダイエット

ダイエットを繰り返している人は多いと思います。なぜ繰り返さなければならないかといえば、ダイエットに成功したとしても、またリバウンドしてしまうから。ダイエットに関する悩みの大半は、リバウンドなのではないでしょうか。

そしてダイエットには、食事制限や運動など、辛く苦しいイメージがあります。ところが、この商品の名前は、その考えがそもそも間違っていると言っています。つまり、リバウンドの正体は苦しさから来るストレスであって、ダイエットを辛く苦しいものではなく、自分を満たす手段と考えれば、成功するというのです。

ダイエットだけでなく、自己肯定感も高められるという欲張りさが、お客さまの心に刺さる名前だと思います。

ネガティブに対する解が商品

5つの方法をお伝えしてきましたが、これを読んで「ネガティブな感情ばかりだな」と思った方もいるのではないでしょうか。「もっとポジティブな名前をつけたい」と考える方もいるかもしれません。

しかし、やはり**名前はネガティブを起点に考えるべき**だと思います。なぜなら、**商品やサービスというものはもともと、人の「ない」とか「不」といったネガティブな問題を解決するものだから**です。すなわち、ポジティブな人をよりポジティブにする、というのではなく、ネガティブをポジティブに反転させる必要があって、切り口としてはネガティブなものにならざるを得ないのです。

思考の手順としては、**まずお客さまのネガティブな感情を頭の中で思い浮かべます。**悩んでいたり、自己嫌悪に陥っていたり、恥ずかしいと思っていたりすることなど、これがあることでネガティブな感情になっている、というものを思い浮かべます。

これは、お客さま自身が自分で認識している場合と、自分でもそんな感情があるとは認識していない場合があります。つまり、顕在化している場合と潜在的な場合があるのです。その両面で考えてみます。

例えば、先ほど紹介した「ちょこザップ」であれば、「運動不足を解消したいと毎年言っている」とか「健康診断の問診票の『定期的に運動していますか』の欄に○をつけられない」など、そんな感情が考えられるでしょう。

運動不足に関しては別の切り口もあって、「階段を上ったら息が切れる」とか「鏡を見たら二重あごになっていた」とか「夏に水着を着るのがゆううつだ」とか「二の腕が揺れる」などといったことを挙げてみるのです。

まずは、このような「あるある」をたくさん書き出すことです。運動ができていないと感じる瞬間は何か、このような具体例を出して、どんどん思考を広げていくのです。

そして、そのネガティブを解消したいと思ったときにどうするか、その方法を取り出し

て商品フレーズに反映させます。そのためには、ターゲットとなるお客さまになりきって、気持ちを想像してみます。

運動ができない言い訳としては、「仕事が忙しくて運動する時間がない」とか「着替えを持ち歩きたくない」とか「ジムが遠くて面倒」などが考えられるでしょう。

そこで、近所にあって、普段着で行けて、15分あれば運動ができる「ちょこっと」ならどうか。「それなら頑張ろうかな」と思ってもらえるのではないか、と考えます。

このように、ネガティブな言い訳をどうやったら潰せるか、というふうに考えてみるわけです。「ちょこザップ」はそこから生まれたと考えられるでしょう。

ですから、**ここでもお客さまになりきって、気持ちを感じることが大事**なのです。

あなたはお客さまに変わってもらいたいと考えているはずです。そのためには、あなたが努力することはもちろん、お客さまにも行動してもらわなくてはなりません。**商品を買うという行動を引き出すためには、マイナスからの変化量のほうが効果的**なのです。注意してみると、大企業のネーミングもネガティブに焦点を当てていますし、テレビなどのマスコミのコマーシャルも、多くがネガティブに注目していることがわかるでしょう。

伝わる切り口を見つけるためには

お客さまになりきることが大事だとお伝えしましたが、人になりきるなんてどうしたらいいかわからない、という方もいるでしょう。ターゲットを過去の自分にすれば、当時の自分を思い出すことはできるかもしれません。しかしそうでなければ、なかなか難しく感じられることもあると思います。ここでは、その場合のヒントをお伝えします。

私は人に関心があるので、人がどんなことを考えているのか、いつも気にしています。「あっ、この人はこんなことを考えているのね」と**情報収集をしている感覚**です。

例えば、「痩せたい」と言っている人の話を聞いて、**ふだんどういう生活をしているのか、どんなことを考えているのか、**想像してみたりします。

切り口としては、その人はお酒を飲むのか、飲むとしたらどのくらいなのか。ご飯を食べるのが好きなのか、好きであればどんなものが好きなのか。運動習慣があるのかないのか。旦那さんや子どもはいるのか。仕事はどのくらい忙しいのか。そんな情報を集めるのです。

あとは**その人の性格、つまりパーソナリティ**です。自分に甘いか厳しいか、内向的か外向的か。特に、**言っていることとやっていることが矛盾している場合は、注意が必要**です。ほとんどの場合はやっていることが本音なのですが、それならば、なぜ口では違うことを言っているのか、想像します。

そんなふうに考えていると、「この人はすべきことができていないと言っているけど、本心ではあまり問題だと思っていないんだ」など、だんだん見えてきます。

講座やコンサルでも、やるべきことをお伝えしているのに、全然やってもらえないことがあります。そんなときに、**なぜこの人はやらないのだろう、何が行動を妨げているんだろう、と想像してみること**です。

また、外に出たとき、例えば電車に乗っているときなどに、周りの会話が耳に入ってくることがあると思います。こんなときにも、この人はどんなことを考えているのかな、と想像してみるようにすると、人の本音を知る能力が磨かれていきます。

人を観察するのはもちろんですが、そんな目的意識を持ってＳＮＳを見にいくと、意外と学べることがあったりします。ここでも、表で発言していることと本音で考えていることにどんなギャップがあるのか、想像してみるようにしましょう。

ちなみに、ＳＮＳでも調査することはできますが、しっかりその人のことを知るためには、やはり会って話をする必要があります。逆に言うと、**もしターゲットと考えている人が周りに全くいないのであれば、その人をターゲットとするべきではありません。**周りにいない人の気持ちを考えることはできないからです。

それでも、その人をターゲットとしたいのであれば、出会う努力をすることです。

例えば、大学生をターゲットとしたいけれど周りに全くいないのであれば、サークルに入るとか、大学生のコミュニティのお手伝いをしてみるなど、やりようはあるはずです。もしもその努力ができないのであれば、やはりその人をターゲットにするべきではないと思います。

ただ、今現在、完全にドンピシャな人がいる必要はありません。そうでなくても、**過去のお客さまや過去に接したことのある友達、今は疎遠になっているコミュニティの人たちなど、何かしら想像できる経験があるのであれば大丈夫**です。

しかしながら、**全く接したことがない場合はNG**です。特に「若い人」とか「年配の人」というのは、昔の経験が役に立たないこともあります。

つまり、20年前に若い人に囲まれていたとしても、20年前の若い人と今の若い人は考えていることが全く違ったりします。そんな場合は、まずは今の若い人と関わる場を増やしたほうがよいでしょう。

周辺コピーも含めてネーミング

この本はネーミングについてお伝えするものですが、商品の魅力を伝えるのは、名前そのものだけではありません。**キャッチコピーであるとか、ロゴであるとか、デザインなども雰囲気を伝えている**のです。**それを含んでの世界観が大事**というわけです。

例えば、先ほど例に挙げた「自己肯定感ダイエット」というダイエット法を指導している方がいます。これだけでも伝わるのですが、やや不十分なので、「ダイエットは我慢じゃなくて、自分を満たしてあげる1つの手段と捉えれば、一生太らない体になれます」というような説明が入っています。このようなものも含めて、商品と考えられるでしょう。

また別の例としては、広島で永宗史おりさんという方が主宰する「ゆとり起業塾」とい

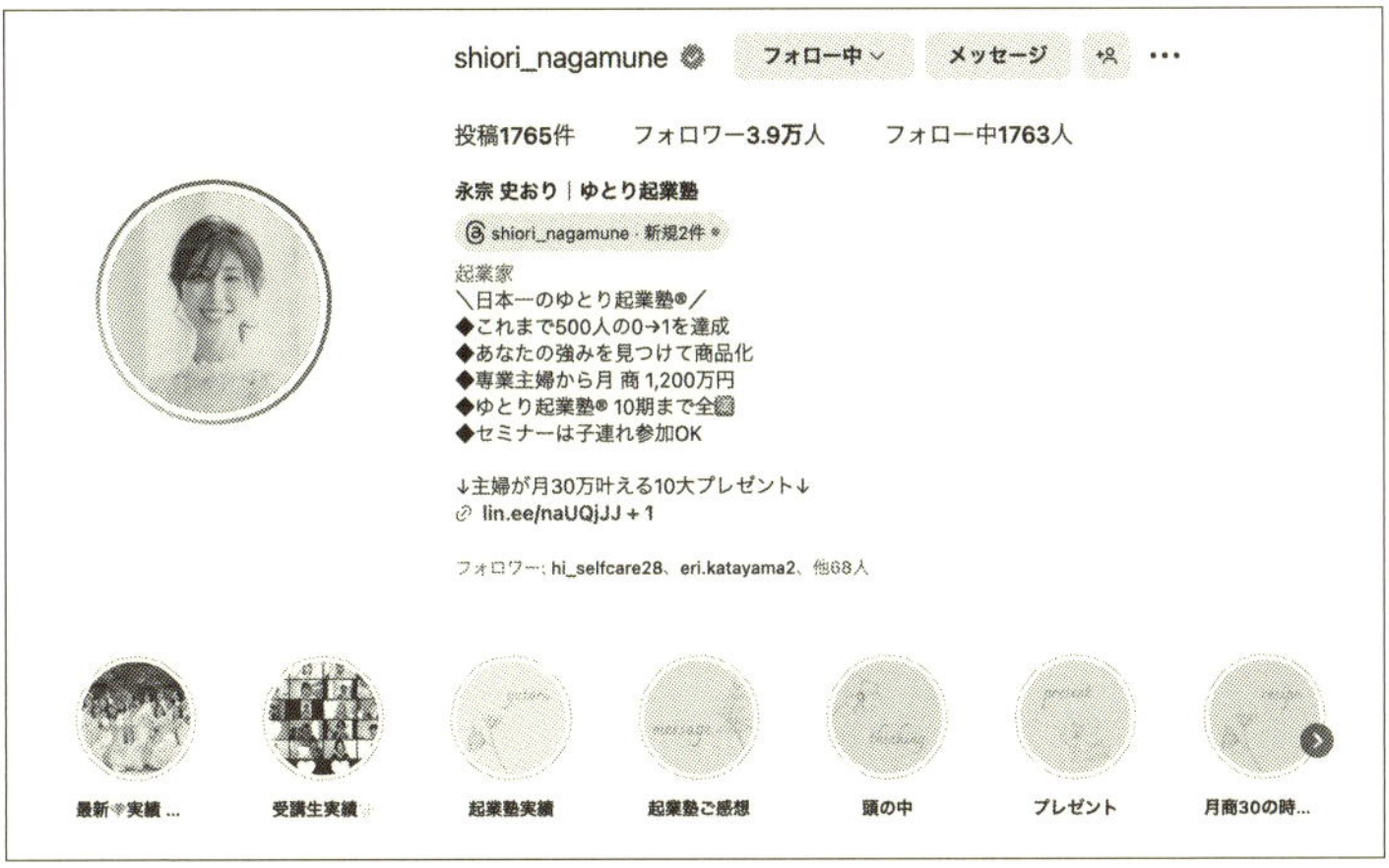

う塾があります。このネーミングだけではどんな特徴があるのか、持っている価値は何なのかがわかりません。でもこの塾は、名前以外のところで、誰に、何を伝えたいのか、しっかりと表現されています。

Instagramを見ていただければわかるのですが、この起業塾はママさん相手に、「ママが心もお金も時間もゆとりをもってビジネスができるようサポートしていく」というコンセプトの塾です。名前を補完するキャッチコピーやロゴの雰囲気など、そこから伝わる感覚が魅力となっています。

人のイメージは、名前だけで完結している

わけではありません。可視化されているデザインとか、色とか形にも惹かれます。もちろん、コピーもそうです。つまり、**商品名も1つのピースであり、全体的な世界感が大事**ということになります。

この場合、その世界感を前提として、お客さまに「ゆとり」というキーワードが響いています。子連れのママさんたちの塾なんだ、ということが伝わりますね。

他にも「リリナージュ」という、心と体の深層セルフマッサージメソッドを考案したリリィさんという方の例を紹介します。

「リリナージュ」の「ナージュ」は方法という意味で、例えばリンパを流すような施術をリンパナージュといったりします。それで考案者がリリィさんだから「リリナージュ」というわけです。おそらく、リリィさんは「ナージュ」という言葉にアンテナのある人をターゲットにしているものと思います。だからお客さまは「リリナージュ」からリンパナージュを連想するのです。

ただ、リリィさんは、ふつうのリンパナージュではなく、「深層リンパマッサージ」という言葉を使っています。この意図としては、リリィさんの施術はただのリンパマッサージではなく、潜在意識のコーチングという要素を掛け合わせたものである、ということを表しているのでしょう。結果として、よく聞くリンパマッサージとコーチングでも、それらを組み合わせた「深層リンパマッサージ」には、新しさを感じて興味を持ってもらえる、という流れができています。

さらに、「リリナージュ」は、細部の言葉にも気が配られています。例えばこのメソッドの手順は5段階で、「ふれる」「気づく1」「気づく2」「愛でる」「ゆるむ」です。このような細かい言葉遣いにもお客さまへの思いが込められています。また、「深層リンパマッサージ」も「骨のキワTM深層リンパマッサージ」として「骨のキワ」が追加され、マッサージのイメージがしやすいように配慮されています。

また、リリィさんは少女時代、自分の見た目がイヤだったそうです。それで「鏡を見るたびにため息が出る」「周りと比べて落ち込む」「自信がないから周りに合わせて生きる」、

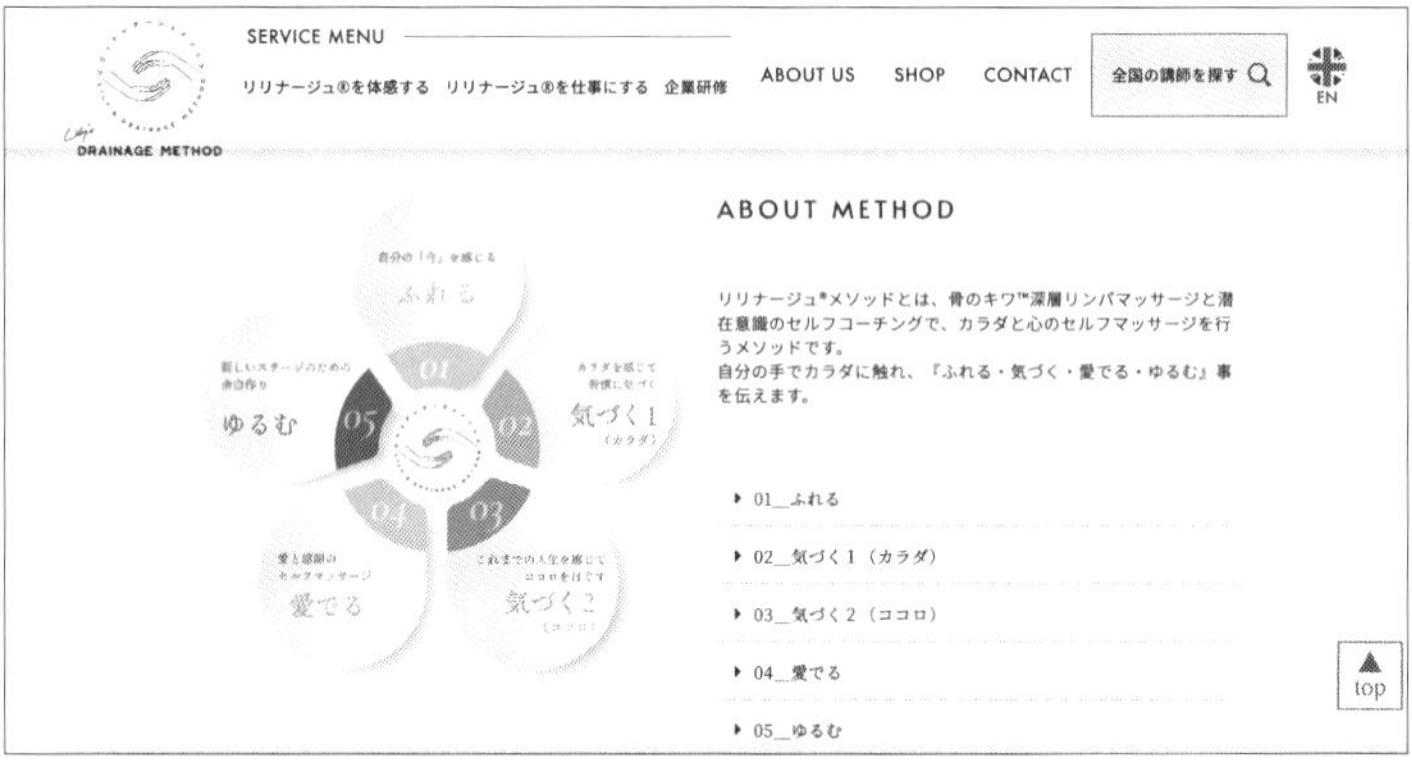

そんな少女時代を過ごしてきたとメッセージに書いています。

これがネガティブな思いであり、それを克服して容姿も自信も取り戻したメソッドとして、「リリナージュ」を売っているわけです。これは昔の自分をペルソナとした商品の典型例で、お客さまの感情の深掘りも相当にできています。そんな背景があるからこそ、「リリナージュ」という素晴らしい商品が生まれたのだと考えています。

※「リリナージュ」「骨のキワ」は株式会社Lilynageの登録商標です。

名前を決めると、自分の価値の本質がはっきりします。そして、本質がはっきりすると、細部にいたるまで価値観が統一されます。そうやって、**表現も施術自体も活動の全てが洗練されていく**のです。

名前をつけるということには、これだけの価値があるのです。「リリナージュ」はそれを改めて感じさせてくれる例だと思い、紹介しました。

それでは最後の章として、**本書のまとめ**をしたいと思います。

まずは第５章まででお伝えしたことを振り返って、商品名を考えるときにはどんな手順で進めていくのかをまとめます。その後で、本書の核となる**商品名フレーズの方程式**を紹介します。

この方程式を使えば、簡単に売れる商品名をつくることができます。それは第２章から第５章まででお伝えしたことがご理解いただけているうえでのことですので、名前を考える手順を振り返りながら、しっかり復習してみてください。

この方程式を紹介した後に、これから名前を考えるあなたのために、私からの最後のアドバイスを数点、お伝えします。

第6章

簡単に売れる商品名がつくれる 7つの方程式

商品名を考える手順のおさらい

商品名を考えるとき、**最初に行うのは自分の価値は何かを明確にすること**です。この手順は第2章でご説明しました。自分の価値の軸がずれてしまうと、流行りの言葉やライバル商品の名前に引きずられてしまい、お客さまから見てもよくわからない、面白みのないものになってしまいます。ですから、自分の価値の軸を決めることが重要なのです。

自分の価値を定めたら、**次にどんなお客さまに商品を提供するかを考えます。**これは第3章でお伝えしました。大事なことは、「30代女性」などとひとくくりにするのではなく、「こんな仕事をしていてこんな家族構成でここに住んでいるこんなキャラクターのこの人」と特定できるくらい対象を絞っていくことです。これがしっかりできていると、お客さまの感情を自分のもののように思えるようになります。商品を見たときに、どのような感情が浮かぶかわかるわけです。

そのうえで、第4章でお伝えしたように、**次の3つの要素を入れ込んだ名前を挙げてみる**のです。

1.「誰のために」 お客さまが自分のためのものだとわかるようにする
2.「相手の受け取る変化」 お客さまの変化(ネガティブからの変化)を伝える
3.「視認性と想起しやすさ」 **1**、**2**がスムーズに伝わる表現にする

これだけを見るとなかなか難しそうに思えるかもしれませんが、**1**、**2**を満たす商品名をつくるための切り口を、第5章で紹介しました。その切り口とは、「すべきなのにできていないこと」「マイナスの感情を抱くこと」「どうせ無理だろうと諦めていること」「やりがちな間違い」「これさえ手に入ればできると思っているもの」の5つです。このようなネガティブな感情に目を向けた商品名をつくれば、お客さまの目に留まり、買ってもらいやすくなるのです。

次の節では、この要素を取り込んだ商品名フレーズの方程式を紹介したいと思います。**注目してほしいのが、この方程式は「〇〇＋サービスの名詞」という形で成り立っていることです**。つまり、全ての方程式に「サービスの名詞」が含まれているのです。

商品である以上、提供するものは何らかの明確な名詞となるはずです。有形商品であれば、化粧品や保険、不動産、サロンなど、お客さまになじみのある名詞になるはずです。無形商品であっても、講座やコンサルティング、コーチング、占いなどの名前になるはずです。

繰り返しますが、商品名は何らかの明確な名詞である必要があります。この**「何」があいまいだったり、省略されていたりする名前はNG**ということになります。そのことを頭に入れて、商品名フレーズの方程式を使ってみてください。

商品名フレーズの7つの方程式

パターン1

誰がどうなる＋サービスの名詞▼美人度アップ美髪ヘアサロン

パターン2

歴史実績証明＋サービスの名詞▼リピート率98％ヘアサロン

パターン3

ネガティブ払拭＋サービスの名詞▼癖毛撲滅ヘアサロン

パターン4

比喩パターン＋サービスの名詞▼見返り美人量産ヘアサロン

パターン5

自分の得意アピール＋サービスの名詞▼お疲れリセット。リトリートヘアサロン

パターン6

あなたのスタンス＋サービスの名詞▼愛され髪プロデュースヘアサロン

パターン7

評判や口コミ＋サービスの名詞▼恋愛運アップ！御利益ヘアサロン

アイデアは切り口の数

「名前を考えるときに、何案くらい考えればいいですか?」。これはよくいただく質問です。プロのコピーライターの話を聞くと、100案とか200案考える、という方もいます。だからといって、あなたがこれだけ案を出す必要はありません。私の周りの人を見ても、**多い人で50個くらい、一般的には10個くらいの中から選びます。**

プロの場合は、感覚を研ぎ澄まし、視覚的にも音的にもよいものを求めます。そのため、微妙に違う多数の案を比べながら最高のものを選ぶのです。しかし、この本の読者のあなたであれば、**自分やお客さまの悩みをしっかり表現できていればそれでよい**のです。それ以上を求める意味はあまりないと考えてよいでしょう。

例えば、120%売上アップなのか、130%なのか、150%なのかといった、形だけの変化を多数挙げてみてもあまり意味はないのです。

それよりも**大事なことは、さまざまな切り口で案を出してみること**です。大量生産ではなく、アプローチ数を増やすのです。

例えば、この章で紹介した方程式を全部使ってみる、第5章で紹介した商品名フレーズの切り口5パターンを全部当てはめて考えてみる、といったことです。「誰がどうなる」でつくるのか、「実績証明」でつくるのか、「ワード変換」でつくるのか、さまざまなパターンを試してみるのです。

このように**アプローチ数を増やすことは、自分の商品をさまざまな視点で見つめ直すことになり、今まで気づかなかった価値に気づくきっかけにもなる**でしょう。

例えば、「商品のベネフィットは何か?」「自分の商品を例える（比喩）と何か?」「ライバル商品と比較してどうなのか?」「商品の歴史や実績はどうか?」「権威のある人が使っていたり、権威のある賞を取ったりしていないか?」「商品を提供するあなたが得意なことは何か？」「あなたのスタンスやポリシーは何か？」。このようないろいろな視点で自分の商品を見て、名前を考えてみることが大事です。

そして、他者にも見てもらいながら、「こちらのほうがお客さまのウケはいいんだな」とか、「それでも、自分はこっちのほうが好きだな」といったように、**主観と客観を行ったり来たりしながら、自分にもお客さまにもしっくりくる表現を探していく**のです。

センスを磨く方法

「言葉のセンスを磨くにはどうすればいいですか?」。これもよく聞かれる質問の1つです。この質問に対する私の答えは、**「自分が自分らしいと思う言葉を集めておく」**です。

具体的には、言葉だけではなく、ビジュアルやロゴなど、自分が心を動かされたものを集めておきましょう。そして、スマホのメモ帳に記しておくなり、カメラロールのアルバムにまとめておくなり、ノートに貼っておくなり、何かしらの形で手元に置いておくことが大事だと考えます。

というのも、言葉やデザインは、クリエイティブなものではありますが、結局自分が触れてきたものの集積ではないかと思っています。すると、**自分が触れてきたストックの数が多いかどうかで、よいアイデアが出てくるかどうかが決まる**わけです。だから、このようなストックをたくさん持っておくと、名前を考えるとき、自分の思う雰囲気の言葉が出てきやすくなると考えるのです。

そして、**「自分がなぜその言葉をよいと思うのか、言語化しておく」**ことも大事です。

例えば、私が気に入っている言葉の1つに「センス・オブ・ワンダー」というものがあります。これは私が自分の人生への向き合いかた、ありかたを見つめ直すときに、ふと頭に浮かび上がってくる言葉です。

この言葉の意味は「単なる驚きを超えて、新しい発見や経験に対する深い感動や興奮、好奇心を含む感情」ということで、環境保護運動の世界的な先駆者であるレイチェル・カーソン氏の書名にもなっています。

私がなぜこの言葉をよいと思うかといえば、「自分が深く感動するものって何だろう」と改めて考えてみるきっかけになったからです。

また、「他の心を惹かれた言葉との共通点は何か」とか「なぜ今この言葉が頭に浮かび上がってきたのか」といったことなども、言語化しておくといいと思います。

「自分のセンスに自信がない」という方は多いと思うのですが、**自分の中の感覚に本当**

に従うことができていれば、自然と自分らしさや統一感は出てくるものだと思います。

例えば、自宅で美術ギャラリーをやっている方の話をします。その方のギャラリーには、ヨーロッパや中国、日本など、あらゆる国の絵画があります。年代も、ルネサンス期のものも現代のものもあります。ジャンルも、抽象画や版画、版画でもエッチングやリトグラフ、木版画など、いろいろなものがあります。このように、あらゆる国、年代、ジャンルのものを自分の好きなように集めてきているのですが、不思議な統一感があるのです。

また、洋服にしても、自分が本当によいと思ったものを軸に買っていったところ、自ずと統一感が出た、という経験はないでしょうか。

問題は、周りの人に影響されたり、時代の流行を考えたりしたときです。自分が意識しているときだけでなく、無意識にそういうものの影響を受けていることもあります。そうすると、自分とのマッチ感が薄く、統一感がないものになってしまいます。

ですから、**「センスを磨く」というのは、他人がよいと思うものを学ぶことではなく、「自分のピュアな感覚を知る」という表現のほうが、しっくりくる**かもしれません。

言語化する能力は、練習すれば誰にでも身につくものだと思います。たしかに、大手広告代理店のコピーライターのようなプロであれば、才能も必要かもしれません。しかし、少なくともこの本の読者のような、自分のサービスやプロジェクトにしっくりくる名前をつけたい、自分の講座にお客さまを惹きつける名前をつけたい、というレベルであれば、十分到達できると思います。

それにもかかわらず、苦手という言葉に逃げて、全く取り組もうとしない人が多い印象があります。または、感覚的・直感的に自分の「好き」をベースに名前をつけて、自己満足に留まっているケースもあります。これらは、非常にもったいないと感じます。

だから、**まずは自分の好きな言葉を集めて、その共通点を探っていけばよい**でしょう。すると、自分がその言葉を好きな理由も見えてくると思います。

また、**「価値観ワーク」をやってみるのもよい**でしょう。これは例えば、「受容」「魅力」「挑戦」「貢献」といった言葉が100個並んでいて、その中から自分の好きな言葉を選び出す、というワークです。並んでいる言葉の中から好きなものを選び、その言葉がなぜ自分の心に響くのか、考えてみるのもよいトレーニングになると思います。

人に見てもらうときには

名前を決めるときには、客観的な意見が大事です。どれだけ自分が客観的に見ているつもりでも、他人の意見にはかないません。だから、ビジネスパートナーに見てもらったり、今のお客さまに見てもらったり、お客さまになってほしい人に見てもらったりと、10人くらいにはアドバイスを求めて意見をもらうのがよいでしょう。

可能であれば、言葉やデザインのプロに意見を求めることです。プロが素人と違うところは、言葉やフォント、色が人にどのような印象を与えるか、その専門知識があるということです。もしあなたが、「もっと、若い人に訴えたいです」という話をすれば、「それなら、こんな言葉が候補として考えられますよ」とか「こんなフォントを使えば、アクティブな印象を与えられますよ」といったアドバイスがもらえます。相手から見た印象や、その言葉があなたの意図した方向性と本当に合っているかを教えてもらえるのです。ですから、機会があればプロに見てもらうことはおすすめです。

プロではなく、ふつうの人に見てもらう場合でも、「どういう印象を受けますか?」と聞いて言語化してもらうことが大事です。ふつうの人といっても、いろいろな考え方の人がいますし、言語化の感覚が鋭い人もそうでない人もいます。その中でも、有益な意見を得るためには、その方が言葉を見てどのように感じたかを知ることが大事なのです。

時々、SNSで「どの名前がよいですか?」とか「どのデザインがよいですか?」といったアンケートを取っているのを見かけますが、これだけでは意味がありません。それは、各人がバラバラの軸で判断するからです。そうでなくて、**自分の中で与えたい印象と、見てくれた人の印象が重なっていることが大事**です。つまり、**自分の考える打ち出したいイメージと、実際に外に打ち出したときに相手に与えるイメージが合っていること、統一感があることが大事**なのです。そのためには、名前やデザインを選んでもらう際、自分が打ち出したい印象を伝え、相手が感じた印象を教えてもらうことが必要なのです。

この際のよいフィードバックとしては、「わかりやすいね」とか「ああ、あなたっぽいね」といった反応です。あくまでわかりやすさと統一感が大事です。**名前を考えた人らしさが反映されているか、その人がつくっているサービスっぽさがあるか、それが判断のポイント**です。逆に、世の中の流行に流されてしまい、どこかから借りてきたような表現になってしまっていると、黄色信号です。

私のクライアントのてるみさんという方は、ハンドメイドの小物や、木工作品のキットをネットで販売するビジネスをしています。この方が商品を通して伝えたいことは、ちょこっと楽しい、心が躍る、ワクワクする、そんな価値観です。ご本人が楽しい人で、心が躍る、とか、ワクワクする、といったことを大事にされているのです。

てるみさんはもともと、「fuwari goods」（フワリグッズ）という名前を使っていたのですが、それを「WAO MADE」（ワオメイド）という名前に変えました。「WAO」（ワオ）という驚きと楽しさを表現した言葉と、手作りの「MADE」を掛け合わせた言葉です。ウキウキするハンドメイド作品やDIYキットをお渡ししたい、と考えていることが一目でわかります。

私は、このネーミングに直接関わってはいないのですが、「WAO MADE」という名前を聞いて、「メチャクチャてるみさんっぽいな」と思いました。特に「WAO」という言葉が、てるみさんっぽいのです。人からこんな反応をもらえるのが、よい名前です。

ですから、人に判断してもらうときには、自分が見られたい印象も含めて伝えましょう。第2章で自分を掘り下げてパーソナリティを見つける方法をお伝えしました。**その中で浮かび上がってきた自分が、名前を通じて表現されているかどうかを聞く**のです。

具体的には、**「私は自分のアクティブな雰囲気を伝えたくて、こんな表現をしているの**

ですが、それが伝わりますか?」といった感じで聞いてみるのです。すると、意味のあるフィードバックが得られます。

先ほどのてるみさんの場合は、「私はこの名前に、『発見や驚き、楽しい、好き、という気持ちになる商品を届けたい』という思いを込めたのだけど、どう思う?」と聞けばよいのです。私は彼女のことをよく知っているため、すぐにいいと思いましたが、そうでない場合でも、正しい判断をしてもらえると思います。

単純に「どれがよいですか?」と聞いてしまうと、意味のある答えが得られませんので、注意してください。

最後にはあなたが決める

ここまで、「名前を決めるときには、いろいろな人の意見を求めることが大事」という話をしてきました。しかし本書の締めにお伝えしたいことは、**「最後にはあなたが決めてください」**ということです。

あなたは、自分の思いを世の中に発信し、お客さまの琴線に触れるような、自分の思いが届くような商品を渡したいと思っていることでしょう。

お客さまを動かすためには、「論理」と「感情」両方の納得感が必要です。言い換えると、「頭」と「心」の納得が必要とも言えるかもしれません。

というのも、ネット社会になって、お客さまの目が厳しくなっているからです。

今はＳＮＳに情報があふれ、いろいろな表現を目にする機会が多くなっています。また、情報を受け取るだけでなく、自分で発信する人も増えています。仮に自分自身は発信をしていなかったとしても、身近に発信をしている知人はいる、という人がほとんどではないでしょうか。

こんな中で、お客さまが情報に慣れ、その価値を見分ける力がついてきているのです。

そんなお客さまを小手先の言葉で動かすことは不可能です。

それでは、人は決断をするときにはどうするか？　それが、「論理」と「感情」の納得です。

論理的に理解して「頭」で検討した後に、最後には感情、つまり「心」で決めるのです。

「頭」と「心」の納得の重要性について、私の例で説明します。

私は、健康のために運動が必要だということはわかっていました。でも、ジムに行ったり、ヨガを習ったりする時間がなかなか取れません。何よりもやる気が出ずにいました。

もちろん、今のまま運動をしないとどうなるか、頭では理解できていました。「数年後のあなたはこうなります」「老化の原因になります」「更年期が早くなります」。周りの専門家や書籍が論理的に説明してくれています。これに嘘はないでしょう。

しかし、いくらそう言われても、ジムの入会手続きや、そこに通う時間を確保することを考えると、それだけで億劫になるのです。頭ではわかっている、でも身体が動かない、そんなふうにモヤモヤして行動できずにいました。


そんな私を行動に導いてくれたのは、「感情」でした。

私の知り合いが、以前と見違えるようにイキイキと輝き始め、それは定期的な運動を始めたからだと知りました。また、私の憧れていた人が、実はめちゃくちゃボディメイクに気を遣っていて、プログラムをつくって運動していることを知りました。

すると私は、「え、この人こんなにきれいな身体なの？　腹筋すごい、割れてる！」とか「いつも忙しそうなのに、身体のメンテナンスができていて、本当すごい」といったように、心が動き始めたのです。


こんなふうに、きっかけとなることがあって心が動き始めました。すると、もともと持っていた頭の中の「論理」と結びついて、「ああ、このサービスは私に必要だな」と感じ、購入を決めたのです。やはり「頭」と「心」、この両輪が必要なのですね。

これは、お客さま側だけでなく、商品やサービスの名前を決めようとしているあなたにも同じことが言えます。私はここまで、文章という形で、名前を決める「理論」を伝えてきました。しかし、それだけでは不十分です。**これが本物になるためには、あなたの「感情」が絶対に必要**です。

ですから、**「理論」で検討した候補を、「頭」だけで選ばないでください。その名前が本物になるためには、あなたの「心」が必要です。**あなたの心が動くのであれば、多少理論から外れたものでもよいかもしれません。最後はあなた自身の心で決めるのです。

それが結局、お客さまの心を動かすことにつながります。それは、今まで数々の事例を見てきた私も確信していることです。**「最後にはあなたが決める」。**これをこの章の最後のメッセージとしたいと思います。

おわりに

最後まで読んでいただき、ありがとうございます。最後に私自身の会社名「風ひらく」を決めるときに、私が行っていたことや考えていたことをお伝えして、締めくくりたいと思います。

個人事業主として開業したのが2021年。その際に自分の氏名の頭文字をとった屋号をつけていたのですが、その後、おかげさまでビジネスが順調に拡大していったため、社名を真剣に考え始めたのが2023年の5月頃でした。法人向けのビジネスを本格化するにあたり株式会社化しよう、それを機に私らしい名前にしたいと考えたのです。

ということで、第3章で紹介したデザイナーTさんに壁打ち（話を聞いてもらいながら自分のイメージを具現化すること）の相手をしていただきながら、アイデアを探すことになりました。

人のユニークさを活かして生きがいを感じる人を増やす、そして、お互いの個性を認め合って共存していく、それが私の大事にしているコアバリューでした。そんな私の価値に寄り添っていて、私ならではの名前とは、どういうものだろう……。この本でも何度もお伝えしていますが、名は体を表すものですし、自分の個性を表現するうえで、会社の名前は一番わかりやすいと思っていました。

そんなふうに考えを巡らせていたとき、最初に浮かんできたのは、「風」という言葉でした。というのも、「風」は私自身のセルフイメージに近かったのです。

例えば、学校やコミュニティでみんなで議論をしている。そんな場面で私は、「ちょっといいですか」と、違う切り口の話題を入れることが多くありました。みんなが同じ視点で議論をしているときに、違う切り口を入れて議論を活性化させることが得意だと感じていて、それが自分の役割だとも認識していたのです。その感覚が「その場に風を吹き込む」というイメージでした。

他にも例えば、「いま、売上が思うように上がらなくて困っています」という会社のコンサルティングをさせていただく場合。お仕事としては、マーケティング領域のお手伝いをするわけですが、私が最初に始めることは、商品の見直しや市場調査ではないことがほとんどでした。それよりも、「そもそもこの事業はどんな成り立ちなのでしょうか?」「長くお付き合いのあるお客さまは何を価値と感じていらっしゃるのでしょうか?」と、本質的な議論を始めることが多かったのです。クライアントさんからしてみれば、「それより も早く売上を向上させる施策案を考えてよ」と思うかもしれませんが、それが私のスタイルだったのです。

それは私にとって、「突破口をつくる」というイメージでした。固まった状態のところに突破口をつくって、そこに風が流れることにより、解決策が見つかるイメージです。私はそんなスタイルで成果を挙げてきたのです。となると私の存在自体は、そんな突破口を流れる「風」だな、と。そう考えていました。

また、そのイメージは私のプライベートの生活とも一致していました。私は湘南エリアに住んでいたため、海辺の雰囲気をお伝えできると思いましたし、自分自身のカラーとして水色を使うことも意識していました。さらに、性格を褒められるときに「さわやか」という言葉を使ってもらえることが多く、それも「風」につながる感覚です。私のもともと持っているパーソナリティと「風」は、よく一致していたのです。

このように、自分の内面に持っている気質、外から言われるイメージ、自分の置かれている環境、住んでいる場所、といった自分を形づくるものが、全て「風」という言葉につながっていきました。

それは、私自身がずっと考えていたことだったので、具体的な会社名を考え始めるときから、「風」という言葉を使うことはほぼ決まっていました。

さらに、Tさんに壁打ちに付き合ってもらいながら、「風って何なんだろうね」とイメージを膨らませていったのです。例えば、「風って、空気の流れとか、雨を運ぶものだよね」とか、「空気の中の粒子はバラバラな状態だけど、風が吹いた瞬間に一斉に同じ向きになるよね」とか、「風って、見えないけど感じることはできるよね」といった、アイデアの種のようなものをどんどん出していったのです。

そのうえで、私の名前の「あおのまさみ」にひっかけて、いろいろな言葉をつくってみました。例えば、「あおの風」とか、雅巳（まさみ）の「雅」からみやびという言葉を連想し、「みやびの風」といった具合です。

そんなことを考えている中で、改めて私が人やコミュニティに何をしているのかな、と考え直しているときに、パッと出てきた言葉が「ひらく」だったのです。

「ひらく」という言葉は、漢字にするといろいろな言葉が当てはめられます。「開く」は一般的な表現ですが、「拓く」は未知の土地を開発する、新たな分野を開拓するといった意味で使われます。「啓く」も啓蒙するという意味を含んだ「ひらく」です。また「閃く」はふつう「ひらめく」と読みますが、「ひらく」と読むこともあります。さらに、稀ではありますが、「払く」や「張く」も「ひらく」と読むことがあり、前者は何か邪魔なものを払いのけるという意味、後者は布や紙を広げるという意味に使われます。

このように考えてみると、自分のしていることが「ひらく」に集約されるような気がしたのです。

そして、「ひらく」を使って、「風ひらく」が生まれました。そこから、似たような名前が存在しないか、とか、ロゴはどうするか、といったことを考えていったのです。

このように「風ひらく」は、自分の持っているセルフイメージ、そして自分がターゲットや世界に対して起こす変化、それらを起点に生まれたものでした。

このように考え抜いて名前をつけると、自己認識が変わります。すると行動や言動が変わって、相手の認識も変わります。そうやって、もともと自分が持っている特徴が活かしやすくなっていくのです。

実際にこの社名は皆さんに好評で、「すごくいいですね。どうやって考案されたのですか？」と声をかけていただいたことや、「社名が気になり、ホームページを拝見していたところ、お仕事をご相談したいと思ったんです」ということでお取引がスタートしたこと、

おわりに

お取引のある会社の研修を「風ひらくプロジェクト」にしたい、と先方から言っていただき、プロジェクトの名称が私の会社名になったこともあります。
もし、私が会社名を「青野コンサルティング」とか「青野まさみ事務所」などとしていたら、こんな効果は得られなかったでしょう。

このように、名前を起点に今のビジネスの風向きを変えることができます。そんな可能性が、名前にはあるのです。この本をここまで読んでいただいたあなたには、ネーミングを考案するまでのステップを実際に体験していただきたいと思います。すると、私が「風ひらく」という名前をつけたことで得られたような、また本書中で紹介した成功事例のような、素晴らしい変化が訪れることでしょう。

ぜひ、一歩を踏み出してください。そして、この本を通じてあなたのビジネスを成功に導くお手伝いができたとしたら……。私にとって、これに勝る喜びはありません。

2024年9月　青野まさみ

青野まさみ（あおの・まさみ）

マーケティングコンサルタント／商品ネーミングコンサルタント
株式会社風ひらく 代表取締役

1983年生まれ。福島県出身。明治大学経営学部卒業。サイバーエージェント、博報堂グループにて、マーケティングプランナーとして従事。消費財、化粧品、証券会社、携帯会社、不動産など、戦略・戦術策定に携わった企業は、大手～スタートアップまで累計120社にのぼる。

独立後は、中小企業支援のほか、起業したい女性たちの商品設計や集客販売の支援をスタートし、年間200件以上の新規相談を受け、個人事業主150名以上を直接サポート。「自分の価値を一瞬で伝える」ネーミング手法に代表される、売れる商品をつくるノウハウに定評がある。

私生活では、神奈川県逗子市在住。夫と愛犬のフレンチブルドッグと共に暮らしている。

【無料メルマガ】
「自分らしさ」で売れ続けるブランディングと仕事術
https://note.com/cotohito/n/n1la223b9de0e

【株式会社風ひらく ホームページ】
https://kazehiraku.com/

あなたのお客《きゃく》さまに刺《さ》さる ネーミングのヒント

2024年12月3日　初版発行
2025年 1 月 9 日　2刷発行

著　　者　青野まさみ
発 行 者　和田智明
発 行 所　株式会社 ぱる出版
〒160-0011　東京都新宿区若葉 1-9-16
代表 03(3353)2835　FAX 03(3353)2826
本書籍に関するお問い合わせ、ご連絡は下記にて承ります。
https://www.pal-pub.jp/contact

印刷・製本　中央精版印刷株式会社

ISBN978-4-8272-1480-2 C0030